내 안의 내가
깨어나게 하라

내 안의 내가 깨어나게 하라
전생치유 그리고 기통

무영 無影 · 무인 巫人

머리말

 이 책은 우리 존재에 대해 근본적인 물음 — 나는 누구인가, 사는 것이 왜 이리 힘이 드는가, 어떻게 사는 것이 나다운 삶인가 — 을 던지고, 존재가 가진 문제를 해결하기 위한 전생치유, 기통, 기통 과정과 이를 통해 치유하거나 치유 받은 사람, 기통이 된 사람들의 체험담을 담고 있습니다.

 구도나 수행에 관심이 있는 사람들은 이미 알고 있겠지만 기통이란 특별한 일입니다. 기통하면 백회와 하늘문(제8 차크라)이 열려 우주와 하늘 기운이 폭포수처럼 쏟아져 들어옵니다. 말라가던 마음과 몸에 물길이 연결되는 것과 같습니다. 몸과 마음이 살아납니다. 기통의 의미를 알고 온몸으로 체험하면 내 존재와 나의 삶을 새롭게 보게 됩니다.
 누구나 깊은 눈, 깊은 머리의 깊은 '내'가 있습니다. 현상계에서는 얕은 눈으로 세상을 읽고 얕은 머리로 삶을 해석하면서 얕은 내가 전부라고 생각하며 살아갑니다. 그런데 사람들은 본능적으로 '깊은 내'가 있다는 것을 느낍니다. 참 괜찮은 진짜 내가 드러나기를 기다리고 있습니다. 얕은 나로서는 절대 채워지지 않는 부분이 있다는 것을 빈 가슴으로 느낍니다. 보통 사람들은 '깊은 나'를 스스로 외면하면서 살아갑니다. 기통은 이 깊은 내가 깨어나는 과정이며 나를 깨우는 수단이고 깊은 내가 깨어나고 있다는 증거입니다.

　　예수나 석가와 같이 깨친 사람들은 이 깊은 내가 있다는 것을 알았습니다. 그들은 대중에게 깊은 내가 있다는 것을, 그것을 깨우라고 전파하고 설파했습니다. 대중들은 예수나 석가를 닮기 위해 부단히 노력해 왔고, 지금도 하고 있습니다. 깊은 종교적 신심, 마음공부, 영성 공부 모두 같은 목표, 깊은 나를 깨우치는 목표를 가진 공부입니다. 하지만 그런 방법으로는 깊은 나를 깨우는 것이 거의 불가능에 가까울 정도로 어렵습니다. 왜냐하면 그들에게는 깊은 나를 깨우는 효과적이고 검증 가능한 명시적인 방법이나 방편이 없기 때문입니다. 그러니 성경이나 불경과 같은 경전과 기도와 같은 방법에 의존할 수밖에 없습니다.

하지만 나를 깨우는 것은 경전 공부만으로는 어렵습니다. 그것은 학문의 영역이 아니라 도의 영역, 철저한 경험의 영역이기 때문입니다. 깊은 눈이 떠지고, 깊은 머리가 활성화되고, 깊은 내가 내 삶의 조종간을 잡는 일입니다. 이것은 많은 에너지가 필요한 일입니다.

이 책에서는 나를 깨우기 위해 누구나 접근할 수 있고, 체험할 수 있는, 쉽고 명징한 방법을 제시합니다. 첫째로, 우리의 마음을 가로막고 기통에 방해가 되는 여러 장애물을 제거합니다. 우리 마음은 많은 혼탁한 것들로 더럽혀져 있고 이것은 기통을 방해하는 요소로 작용합니다. 방해물을 제거하는 구체적인 방법이 '빙의 제거'와 '전생치유'입니다. 다음으로 얕은 내가 쓰는 에너지를 최소화하고, 깊은 내가 그 에너지를 쓸 수 있도록 하는 것입니다. 여기에 쓰이는 방법이 바로 '명상'입니다. 그렇게 해서 쓸 수 있는 에너지의 총량을 늘려나갑니다. 현재 내가 쓸 수 있는 에너지의 총량이 100이라면 150, 200으로 늘려야 합니다. 이것은 단전의 활성화로 가능합니다. 더 나아가 백회가 열리고 하늘문이 머리 위에 뜨는 기통을 이루게 되면 우주와 하늘의 기운이 쏟아져 들어와 몸과 마음을 깨우는 활력으로 작용하게 됩니다.

하늘동그라미는 깊은 나로 깨어나는 데에 목표를 두고 수행하는 사람들의 모임입니다. 나의 본래 자리인 하늘을 향해 마음 열고 빙의 제거와 전생치유로 장애물을 덜어내고 명상과 절을 통해 깊은 나에게 힘을 실어 주는 노력을 해오고 있습니다. 지난 3년간 수행을 통해서 기통을 이룬 사람이 1천여 명입니다. 지금도 기통으로 나를 깨우고자 수행하는 사람들이 모여들고 계속 기통자가 나오고 있습니다.

깊은 내가 깨어나는 과정에서 여러 가지 변화들이 함께 일어납니다. 기와 혈이 왕성해져 몸이 건강해집니다. 전생을 보고, 몸속을 보고, 사물과 교감하는 등 깊은 눈과 깊은 머리가 활성화되어 얕은 눈으로는 상상도 할 수 없는 능력들이 쏟아져 나옵니다. 하늘과 우주와 세상과 하나 되는 일체감을 느끼게 됩니다. 고요하고 충만하며 편안해집니다. 사랑과 기쁨으로 가슴이 채워집니다. 삶의 우선순위가 바뀝니다. 일이 저절로 순조롭게 이루어집니다. 그저 감사하는 마음이 생깁니다.

요컨대,
- 마음이 편해집니다.
- 몸이 건강해집니다.

- 일이 잘 풀리고 좋은 일이 일어나기도 합니다.
- 전생을 보거나 몸속을 보고 치유도 하는 능력들이 생깁니다.

　이런 효능은 누구나 예외 없이 바라는 것들입니다. 이 책의 내용들이 왜곡되거나 굴절 없이 전해진다면 누구에게나 기다리는 소식이 되리라 확신합니다. 이런 특별한 일이 일어나는 곳으로 여러분을 초대합니다.

　도랑 치다가 가재도 잡고 금덩어리도 줍는 아주 드문 일이 있습니다. 이 책을 통해 그런 행운을 잡는 주인공이 되시기를 바랍니다.

하늘동그라미 기통수련원에서
무영無影, 무인巫人

차례

머리말   5

제1장 나는 누구인가

1. 나는 누구인가   15
2. 어떻게 살아야 하는가   26
3. 어떻게 나답게 살 수 있는가   31
4. 내 마음은 보석 상자   41

제2장 전생치유

1. 치유 과정   53
2. 전생치유 방법   56
3. 치유율   63
4. 치유가 잘 되는 사람   65

제3장 기통

1. 기통 · 69
2. 기공유 · 83
3. 절과 명상 · 85

제4장 내 안의 깊은 내가 깨어난 삶

1. 하늘이 내 편인 삶 · 115
2. 사랑과 감사로 충만한 삶 · 118
3. 도인의 삶 · 124
4. 깊은 내가 늘 깨어있기 위해서 · 126

부록 1. 빙의와 천도 · 130
부록 2. 전생치유와 기통 사례 · 157

제1장

나는 누구인가

이 장에서는 전생치유와 기통 과정을 통해 알게 된 사실들을 밝혀 길을 찾는 이들에게 도움을 주고자 합니다. 나의 존재에 대한 이해로 어떻게 살아야 하는지에 대한 답이나 방향이 저절로 드러나기를 기대합니다.

1. 나는 누구인가

삶이란 나의 본모습을 찾아가는 여행입니다. '나는 누구인가?', '어디서 와서 어디로 가는가?', '어떻게 가야 하나?'라는 물음이 해소될 때까지 이 여행은 계속될 것입니다.

이 장에서는 전생치유와 기통 과정을 통해 알게 된 사실들을 밝혀 길을 찾는 이들에게 도움을 주고자 합니다. 나의 존재에 대한 이해로 어떻게 살아야 하는지에 대한 답이나 방향이 저절로 드러나기를 기대합니다.

하늘-우주-세상과 연결된 존재로 태어나다

갓 태어난 아기는 머리 위에 하늘동그라미가 그림자처럼 가능태로 있고, 그곳과 하늘이 연결되어 하늘 기운을 받습니다. 아기의 정수리 부분은 백회라고 하는데, 이곳은 어른과는 달리 말랑말랑하며, 숨을 쉽니다. 바로 이곳으로 우주의 기운을 받게 됩니다. 갓 태어났을 때

송과체는 빛을 받아들여 온몸이 빛이 납니다. 기운의 중심은 배꼽 아래에 있게 됩니다. 단전은 반듯하게 원판 모양으로 놓여 하늘 기운을 받게 됩니다. 요컨대 사람은 누구나 하늘과 우주와 연결된 채 깊은 눈을 가진 빛덩어리로 태어납니다.

깊은 나에서 분리되는 얕은 나 – 에고

아기는 옹알이를 하다가 기고 일어서고 걷고 엄마 아빠를 알아보고 말을 배우며 성장해 갑니다. 36개월이 지나면 머리 위 하늘동그라미의 가능태가 없어지고 백회는 닫히고 정수리는 단단해집니다. 송과체에 불이 꺼지고 단전은 각도를 잃고 접히고, 기운의 중심은 배꼽 위로 올라갑니다. 점점 나이가 들면서 하늘 기운과 단절이 일어나고 빛 속에 녹아있던 업들이 표면화, 현실화하고, 온몸이 거적때기 같은 것으로 둘러싸여 우주 기운과 멀어지고 빛을 잃어버립니다.

세상을 알아가며 얕은 눈은 떠지고, 깊은 눈은 잠재되고, 현상계에 마음이 쏠리며 얕은 머리는 활발하게 움직이고, 깊은 머리는 활력을 잃습니다. 얕은 눈으로 보는 세상이 전부인 양 착각하고 자기중심적 세계에 갇히게 됩니다. 하늘과 우주의 일원이라는 존재의 모습을 잃어버리게 됩니다. 결국 하늘과 우주와 멀어지고 단절됩니다.

모든 존재에게 하늘과 우주의 기운은 생명수와 같습니다. 자기 속에 갇혀 단절되면 마음과 몸이 황폐화됩니다. 더 이상 물이 들어오지 않는 마른 논처럼 됩니다. 몸에 병이 생기고 삶은 고달파집니다. 끊어지고 닫힌 존재로 앞이 보이지 않는 삶을 살아내기 위해 온 힘을 다해 몸부림치게 됩니다. 힘들고, 어렵고, 상처받고, 상처받아 좌절하고 절망하게 됩니다. 갇힌 몸과 마음은 더욱 갇히게 되고, 더 깊은 에고의 수렁으로 빠지게 됩니다. 닫힘의 끝은 죽음입니다.

죽으면 끝인가

죽으면 혼이 몸속에서 빠져나옵니다.

'어, 뭐야? 어떻게 된 거지?'

처음에는 어리둥절하나 대개는 시간이 지나며 상황을 알아차립니다.

'아, 내가 죽었구나. 내 몸이 저기 누워 있네.'

홀가분합니다. 무거운 짐을 내려놓은 듯 안도의 한숨을 쉽니다.

'이렇게 가볍고 홀가분한데 죽지 않으려고 왜 그렇게 몸부림쳤을까?'

삶이 고달팠거나 긴 병으로 고생한 사람일수록 육신의 허물을 벗고 새털처럼 가벼워진 상태에 기뻐합니다. 자신의 장례식 음식에 관심도 보입니다. 좋아하는 음식은 먹어도 봅니다. 누가 슬퍼하는지 살핍니다. 나의 죽음 뒤에 남겨진 사람들의 반응을 봅니다. 문상 온 사람들도 일일이 확인합니다. 누가 거짓 눈물을 흘리는 지도 알아차립니다.

　죽기 전 감정이 싱싱한 맥주라면 죽고 난 후 며칠 동안은 약간 김이 빠진 맥주의 상태지만 살아있을 때의 감정 대부분은 유지합니다. 죽은 후 며칠을 육신에 가려 알지 못했던 것들을 접하며 벗어버린 몸뚱어리 주변에 떠 있거나 배회하며 지난 생의 감정들을 정리합니다.

　아쉬움, 미련, 슬픔, 아픔…. 이런 감정이 어느 정도 정리되면 하늘로 올라갑니다. 밝은색 옷을 입고 선 자세로 옷자락 펄럭이는 듯한 모습으로 날아갑니다. 가는 곳은 사람마다 다릅니다. 하늘로 올라가는 단계는 6단계 정도 됩니다. 같은 단계라도 같은 곳이 아닙니다. 4~5일 동안 날아가 마지막엔 폴짝 뛰어올라 사라집니다.

　도착한 곳은 원형 경기장 같은 공간입니다. 정해진 자리로 가서 마중 나온 영이 앉아 있는 옆자리에 앉습니다. 자기와 관련된 여러 가지 삶의 경우들을 영과 함께 관람합니다. 영과 무언의 소통을 하며 다음 생에 적합한 경우의 삶을 선택합니다. 본인이 선택한 삶을 쫓아 다시 누군가의 자식으로 태어납니다. 하늘은 은혜롭습니다. 새로운 삶의 기회를 줄 때 다시 빛으로 초기화해 줍니다. 더 밝은 빛으로 나아갈 가능성과 함께. 그래서 어린 아기는 열린 상태로, 빛 덩어리로 다시 태어납니다.

나를 구성하는 것, 영-혼-백

사람은 영靈 혼魂과 백魄으로 되어 있습니다. 눈에 보이는 우리 몸, 물질, 형상으로 유형의 백이 있고, 정신과 마음인 무형의 백이 있습니다. 육체와 정신 외에 혼은 우리가 살아있을 때 차원을 달리해서 백 속에 알맹이처럼 존재합니다. 여기까지는 동물에게도 있습니다. 개나 소, 돼지들도 몸이 있고 정신도 있고, 혼도 있습니다. 혼이 있다는 것으로 그들도 생을 거듭하며 전생이 있다는 것을 짐작할 수 있습니다.

그런데 사람에게는 세상의 어떤 만물보다 특별한 게 있습니다. 그것이 바로 영입니다. 영은 하늘이 자기의 분신을 국화빵 찍듯이 찍어서 사람에게만 주었습니다. 그 사람에게 하늘 역할을 하라고 준 선물입니다. 하늘에 있되 살아 있을 때는 살아있는 사람 속에 들어와 있기도 하고, 주변의 공기처럼 머무르기도 합니다. 이 또한 혼처럼 차원을 달리해서 존재합니다. 백과 혼과 영 중에 대표 선수가 영이라고 할 수 있습니다. 그 영은 어떤 존재인가요? 각자의 하늘 역할을 하는 하늘의 분신입니다. 그래서 내가 곧 하늘입니다.

사람이 살아있을 때 영, 혼, 백은 따로 떨어져 있지 않습니다. 살아 있다는 것은 영, 혼, 백이 하나 된 상태입니다. 하지만, 육신이 죽게 되면 백은 흩어지고 혼은 영에게로 돌아갑니다. 그리고 다시 태어나면 혼은 지구로 돌아와 백을 형성하게 됩니다.

백은 흩어졌다가 다시 형성되는 것을 반복하고 혼은 영과 백 사이를 오가고 영은 항상 하늘 그 자리에 있으면서 우리 몸인 백 속에 깃들어 있습니다.

그렇다면 백, 혼, 영 중 어느 것이 진정한 나일까요? 육체, 몸이 나일까요? 정신이나 마음이 나일까요? 아니면 나를 있게 해주는 근본인 영이 나일까요? 이들 중 어느 것이 나의 존재를 규정하는 기준입니까? 백, 혼, 영 중 어느 것이 나의 본질(본성)입니까?

3천 년 전 어느 부족의 족장이었던 사람이 있습니다. 지금 생에서는 여자의 몸을 가지고 있습니다. 물론 지금의 몸은 3천 년 전의 몸이 아닙니다. 하지만 영과 혼은 그때의 것과 같습니다. 혼은 연락병입니다. 그렇다면 어느 것이 나의 본질입니까?

하늘을 그대로 복제한 영은 하늘과 같은 속성을 지녔습니다. 영은 곧 나의 하늘입니다. 영은 사람에 따른 차이가 없습니다. 모두가 하나인 곳입니다. 하늘을 닮은 점에서 똑같고 서로 긴밀히 연결되어 있습니다. 개별적이고 독립적이되, 하나처럼 연결되어 한 공간에 한 덩어리로 빛을 내고 있습니다. 그렇다면 나의 본질은 무엇이라고 해야 할까요?

60년이 아니라 1만 60년의 삶

태어나 자라고 살다가 늙고 병들어 죽으면 몸은 흩어지고 혼은 하늘로 가서 영과 다음 생을 의논하여 선택한 후 다음 생으로 윤회합니다. 사람들은 이러한 윤회를 반복합니다. 보통 사람들은 윤회를 몇 번이나 반복할까요?

전생은 볼 수 있습니다. 물론 모든 사람이 볼 수 있는 것은 아니지요. 지금 생에서의 문제가 어디서 연유하는지를 찾기 위해 전생을 찾아 들어가다 보면 5천 년에서 1만 년 전에나 있었을 법한 생활상을 접하게 되는 경우가 종종 있습니다. 그 이전의 삶도 있었겠지만, 인간의 문제와 직접 관련되는 장면은 보통 1만 년 이상을 넘지 않습니다. 이런 경험으로 미루어 보아 사람들이 전생과 이생을 반복하면서 살아온 평균 나이는 1만 살 정도가 아닐까 추측해봅니다.

어떤 사람의 나이가 현재 60살이라면 그 사람은 지난 60년 동안 살아온 삶을 기억할 수 있습니다. 부모가 누구며 형제는 몇이며 어떻게 자랐고 어느 학교에 다녔으며 친구는 누구며 어떤 일들이 있었는지 등등. 하지만 1만 년의 삶을 다 기억하는 사람은 없습니다. 그러니 자신에게 1만 년의 세월이 있었다는 것을 믿기 어렵습니다.

그러나 기억하지 못한다고 해서 있었던 것이 없어지는 것은 아닙니다. 사람들은 누구나 알지 못하는 전생의 삶에 영향을 받습니다. 1만 년의 시간 동안 얼마나 많은 일이 있었겠습니까? 좋은 일, 궂은 일, 선한 행위, 악한 행위, 수많은 사람과의 인연, 습관으로 굳어진 많은 행동, 뼈에 새겨졌을 수많은 사건 등. 지금의 나의 성격이나 취향, 체질 등은 이런 세월을 거치며 형성된 것입니다.

지금의 나는 60년이 아니라 1만 60년 동안 살아오며 형성된 존재입니다! 나를 구성하고 있는 것들의 대부분은 기억하지 못하는 1만 년에 뿌리를 두고 있습니다. 보통의 노력으로 해결되지 않는 질병이나 성격, 갈등의 뿌리 또한 기억하지 못하는 1만 년 속에 있을 수 있습니다.

열린 나 – 어떻게 사는 것이 나다운 삶인가?

삶은 고통의 바다입니다. 이 고통의 흐름에서 벗어날 수 없을까요?

빛을 회복하면 됩니다. 빛을 회복하기 위해선 끊어진 생명줄인 우주와 하늘의 기운과 연결되어야 합니다. 이것이 바로 기통입니다.

기통이 되면 하늘에 귀속감을 느끼게 됩니다. 더 이상 황망한 우주를 떠도는 외로운 존재가 아닙니다. 우주의 일원이 됩니다. 기운이 폭포수처럼 들어옵니다. 말라가던 논에 물길이 연결됩니다. 몸과 마음이 살아납니다. 온몸이 빛으로 전환됩니다. 온몸이 빛으로 전환되고 하늘동그라미가 생기는 것을 기통이라고 합니다.

기통은 빛의 세계로 입문하는 것입니다. 백회가 열리면서 업이라 추정되는 거적때기가 엷어지고 하늘과 소통을 막은 풍선 막 같은 것에 있던 단춧구멍만 한 구멍이 탁구공만 하게 되어 조금씩 커집니다. 송과체에 불이 들어옵니다. 온몸이 빛으로 전환됩니다.

나는 빛이고 사랑이고 하늘이다

기통은 빛의 존재임을 확인하는 과정입니다. 나를 채우고 주변도 밝힙니다. 나는 빛입니다.

이 빛은 기운 덩어리입니다. 이 기운은 망가진 것을 복원시킵니다. 삐뚤어진 것을 바르게 하고 오염된 것을 정화시킵니다. 불완전한 것을 완전하게 합니다. 생명력을 끌어올립니다. 이건 사랑입니다. 나는 사랑입니다. 이 빛의 발원지는 하늘입니다. 사랑의 발원지도 하늘입니다. 내 존재의 근원도 하늘입니다. 나는 하늘입니다.

앞 내용들을 정리하면 다음과 같습니다.

- 사람은 우주를 넘나드는 우주인이고 하늘에 적을 두고 있는 하늘 백성이다.
- 하늘과 우주와 하나의 생명체를 이루며 존재한다.
- 하늘님을 그대로 복제한 하늘님을 닮은 모습이 나의 영이고 그것이 나의 본성이다.
- 원래 자리에 있는 나는 빛이고 사랑이고 하늘이다. 넉넉하고 평화롭고 안정적이며 자유롭고 여유롭다. 기쁨, 사랑, 감사가 넘친다.
- 사람은 얕은 눈, 얕은 머리를 가진 얕은 내가 있고 깊은 눈, 깊은 머리를 가진 깊은 내가 있다.
- 태어나 현상계에 노출되면서 얕은 내가 나의 주인이 되어 얕은 눈으로 세상을 읽고 얕은 머리로 세상을 해석하며 깊은 나를 소외시키며 살아간다.
- 껍질인 현상을 쫓으며 이미 다 주어지고 빛이며 사랑이며 하늘인 본래 자리에서 멀어져 간다.
- 얕은 내가 주도하는 삶은 장님이 운전하는 삶이며 살아내기 위해 치절하게 몸부림쳐야 하는 전쟁 같은 삶이다.

- 어디서 부딪히고 어디 가서 처박히며 어디에서 망가질지 늘 불안해하며 수백 수천 생을 거듭해서 살아가고 있다.
- 수천수만 년 간 험한 길 걸어오며 받은 상처나 아픈 기억들이 집착, 욕심, 아만, 슬픔, 악, 공포, 분노, 자기비하, 자기혐오 등의 바위가 되어 마음을 누르고 몸을 누르고 삶을 누르는 무게가 되었다.
- 이런 과정들이 무의식 속에 녹아들어 흐름이 되고 습이 되어 파동이 맞을 때 마음과 몸 세상살이에 재현된다.
- 한 생이 마무리되면 나의 영과 혼이 하늘에서 만나 이 흐름에서 벗어나 하늘인 본래 자리로 돌아가기 위해 다음 생을 설계한다.
- 다시 태어나 살아가는 현생은 얼룩진 습에서 벗어나 본래 모습을 그릴 수 있는 백지로 된 선물이다.
- 몸 열고 마음을 여는 기통을 통해 기운상으로 닫힌 나에서 열린 나로 거듭나 본래 자리로 돌아갈 가능성을 가지고 태어난다. 빛으로 리셋되어 돌아온다.

2. 어떻게 살아야 하는가

사람마다 사는 세상은 다릅니다. 같은 시간과 공간을 살지만, 각자가 마주하는 세상은 다 다릅니다. 밝고 맑은 세상을 사는 사람이 있는가 하면 어둡고 탁한 세상을 사는 사람도 있습니다. 세상살이가 즐겁고 행복한 사람도 있지만 슬프고 힘들어 겨우겨우 살아내는 사람도 있습니다.

내가 마주하는 나의 세상은 내 마음을 비추는 거울입니다. 지금의 내 세상이 마음에 들지 않는다면 내 속에서, 내 마음속에서 원인을 찾아야 합니다. 생각을 바꾸고 마음을 달리해야 내가 사는 세상이 바뀝니다. 다행스러운 것은 명확한 원인을 몰라도 마음은 바꿀 수 있으며, 마음이 바뀌면 세상도 달라집니다.

인생은 내가 그리는 그림입니다. 빨간색, 노란색, 파란색, 하얀색, 검은색, 밝은색, 어두운색을 내가 선택합니다. 60살인 내가 볼 때 '어, 이건 내가 그린 것이 아닌데…'라고 할 수 있습니다. 1만 60살 중

1만 살 동안 그린 내용을 기억하지 못하기에 생기는 오해입니다. 내 인생의 그림이 마음에 들지 않는다면 그건 전적으로 그림을 잘못 그린 내 탓입니다.

사는 것이 힘든 이유

내 인생의 그림이 마음에 들지 않고, 그래서 살아가는 것이 힘이 들 때가 있습니다. 힘들다고 느끼는 이유는 무엇 때문일까요? 본성대로 살지 못하고 있기 때문입니다. 즉, 나의 본성인 하늘과 멀어지는 삶을 살고 있기 때문이지요. 앞서 말했던 나를 이루는 백, 혼, 영 중에 나의 본성인 영과 멀어졌기에 힘들다고 느끼는 것입니다. 혼과 백, 내가 알고 있고, 나라고 생각하는 그것들에 때가 쌓이면 영이 보이지 않습니다.

우리는 돈을 많이 벌어서 물질적으로 풍요로운 삶을 사는 것을 잘 산다고 합니다. 하지만, 물질에 대한 욕망과 욕심으로 경제적인 부를 좇아 사는 삶은 나를 실현하는 삶과는 거리가 멉니다. 경쟁, 욕심 등은 모두 나의 겉껍데기의 삶입니다. 다른 사람들과 비교하면서 나는 왜 이렇게밖에 못 사는가 하면서 스트레스를 받게 됩니다. 이런 삶을 살다 보면 어느새 내 몸과 마음에는 때가 끼기 마련입니다. 때는 몸에 병으로 드러나기도 하고, 허약해진 마음에는 소위 만신 같은 것들이 덧씌워지기도 합니다. 이런 것이 오래되면 치료도 어렵고 삶은 점차 피폐해지게 되지요.

나답게 사는 방도

그렇다면 어떻게 살아야 마음과 몸의 때를 벗기고 내 안의 깊은 내가 주인이 되는 삶을 살 수 있을까요? 마음과 몸에 쌓인 때를 벗겨내고 나의 본성, 내 안의 깊은 나인 영이 본래의 모습으로 드러나면 나답게 살 수 있습니다. 요컨대 하늘인 영, 나의 본성인 영과 온전히 하나 되는 삶이야말로 나다운 삶입니다. '하늘=영=나의 본성=나'이기에 하늘을 따르는 삶이 진정 나다운 삶입니다. 사람의 본성은 하늘에 있는 영에 뿌리를 두고 있습니다. 그 영은 하늘을 대리해서 나의 하늘 역할을 합니다.

   사람에게는 각자의 영이 있습니다. 사람에게만 있습니다. 영은 하늘을 그대로 닮아 나의 하늘 역할을 합니다. 영은 맑고 밝고 순수합니다. 긍정적이고 능동적이고 주도적입니다. 개별적이고 독립적이나 하나처럼 연결되어 한 곳에서 한 덩어리로 빛을 내고 있습니다. 내게 필요한 모든 것들을 갖추고 있습니다. 영이 나의 본성입니다. 나다운 삶이란 영다운 삶이며 하늘다운 삶입니다. 영처럼, 영에게 다가가는,

영과 소통하고 친해지는 삶, 영이 응답하는 삶이 나다운 삶입니다.

주인된 삶

영과 소통하고 하늘을 따르는 삶은 주인된 삶입니다. 주인된 삶은 어떤 삶일까요? 예를 들어 어린아이가 뛰어놀다가 넘어졌다고 합시다. 무릎에서 피가 나고 손바닥에 모래가 박혀 아프고 쓰라립니다. 엎어져 엉엉 울며 누군가를 기다립니다. 아이 울음소리에 놀란 엄마가 달려와 아이를 일으켜 세우며 달랩니다. 먼지 털어주고 약도 바르며 엄마가 더 아파합니다. 그런데 아무도 일으켜 줄 사람이 없다는 것을 알면 아이는 스스로 일어납니다. 스스로 일어나야 합니다. 내 인생을 일으켜줄 사람은 나뿐이라는 것을 아프지만 받아들여야 합니다.

모든 원인을 내 안에서 찾고 답도 내 안에서 찾아야 한다는 말을 곱씹어볼 필요가 있습니다. 내 안에 하늘이 있기에 내 속에 모든 것이 다 있습니다. 밖에서 찾고 남 탓하다 보면 정작 내가 할 일은 없어지고 중요한 많은 것의 결정이나 해결의 열쇠를 나 아닌 다른 사람에게 맡긴 채 의지하게 됩니다. 이러다 보면 내가 할 수 있는 일이 점점 줄어들고 내가 설 자리가 좁아집니다. 결국 남에게 기대고 눈치 보고 핑계나 변명을 해야 하는 종업원 같은 삶을 살게 됩니다.

하늘을 닮은 내가 종업원으로 산다고 생각해 보십시오. 내가 눈물 나도록 아깝습니다. 내 안에서 답을 찾으면 내가 할 수 있는 일들이 많아집니다. 내가 할 수 있고 해야 하는 일을 하느라고 눈치 보거나 원망하거나 핑계 댈 시간이 없습니다. 이러다 보면 어느새 긍정적이고 주도적인 나다운 사람이 되고 문제 해결 가능성도 높아집니다.

3. 어떻게 나답게 살 수 있는가

이렇게 주인된 삶, 하늘을 따르는 삶을 살기 위해서는 무엇을 어떻게 해야 할까요?

해석을 잘하라

살아가는 동안 일들이 생기고 상황들이 이어집니다. 이럴 때 어떻게 반응하느냐가 그다음 이어지는 흐름에 많은 영향을 주게 됩니다. 수없이 많은 해석이 가능해집니다. 맞고 틀리고, 좋고 나쁘고, 옳고 그르고, 이래야 해, 저래야 해, 라는 생각의 틀에 갇히지 말아야 합니다. 일어날 일이 일어나는 것이고 다 맞고 다 좋고 다 옳다는 것을 이해해야 합니다. 하늘은 내게 꼭 필요하고 좋은 것만 준다는 것을 알아차리고 그저 감사하며 받아들여야 합니다.

미고사를 실천하라

마음과 몸을 열고 우리의 영을 받아들이는 작은 실천 중의 하나는 "미안합니다, 고맙습니다, 사랑합니다"라고 하는 세 마디의 말을 가슴 깊은 곳에서 진심으로 외치는 것입니다.

가슴에서 우러나오는 "미안합니다"라는 말은 마음에 낀 때를 벗기고 혹여라도 전생에 지은 업이 있다면 그 업을 덜어주는 말입니다. 짧은 이번 생에도 미안한 일들이 많은데 기억도 못 하는 전생의 긴 세월 동안 미안한 일들이 얼마나 많았을까요? 과거로 돌아가지 않아도, 무슨 일이 있었는지는 몰라도 내가 지은 것이라는 걸 받아들이고 미안해하면 됩니다.

진심에서 우러나오는 "고맙습니다"라는 말은 내게 찾아온 복을 내 것으로 온전히 만들어주는 말입니다. 고마운 것들을 고마워하지 않으면 완전한 내 것이 되지 않습니다. 수많은 생을 살아오면서 내게 찾아온 고마운 것들이 결재되지 않은 서류가 되어 산처럼 쌓여 있습니다. 하나하나 확인하고 고마워하다 보면 어느새 마음의 부자가 됩니다.

"사랑합니다"라는 말은 어둡고 탁한 것을 정화해 우리의 본모습을 되찾아주는 말입니다. 이 세상에서 가장 귀하고 좋은 말이고, 쓰면 쓸수록 더욱 샘솟는 말입니다. 하늘과 땅과 사람으로 이루어진 이 우주는 미안함으로, 고마움으로, 사랑으로 얽히고설켜 있습니다. "미안합니다, 고맙습니다, 사랑합니다"를 생활화하면 맑고 밝고 긍정적으로 살 수 있습니다.

나를 용서하고 사랑하라

여러분은 스스로 겁이 많고 게으르다고 느끼기도 합니다. 이루어놓은 것도 많지 않고 주변 사람들도 나를 좋아하는 것 같지 않다고도 느낍니다. 공짜를 바라기도 하고 욕심을 부리기도 하며 몹쓸 짓을 하기도 합니다. 그야말로 나는 못나고 부족하고 보잘것없다고 느낍니다. 그런 '나'를 용서하십시오.

못난 내가 내 모습의 전부가 아닙니다. 내게도 하늘을 닮은 면이 있습니다. 그것들을 찾아보십시오. 나의 빛나는 본래 모습이 주목받고 더 빛나기를 기다리고 있습니다. 토끼가 아니고 거북이어도 좋습니다. 100점이 아닌 60점짜리여도 그런 나를 사랑하십시오.

차는 쓰다가 망가지면 바꾸면 됩니다만, 내가 마음에 들지 않는다고 나를 바꾸거나 버릴 수는 없습니다. 천 년이고 만 년이고 나는 나입니다. 나를 용서하고 너그럽게 봐주고 사랑으로 가두지도 말고, 느리거나 부족해도 방향을 바로잡고 가면 됩니다. 나를 사랑해야 또 다른 '나'들도 사랑할 수 있습니다.

마음의 구조 조정

세상살이가 뜻대로 되지 않아 힘들고 괴롭습니다. 하는 일이 제대로 되지 않고 억울한 일을 당하기도 합니다. 원하지 않는 일들이 불쑥불쑥 찾아와 불안하고 초조합니다. 아무리 둘러봐도 길이 보이지 않아 죽고 싶은 심정입니다.

모든 사람이 다 그런 것은 아닙니다. 어떤 이는 일이 뜻대로 풀려 즐겁고 행복합니다. 자신감이 넘칩니다. 어떤 차이가 있는 것일까요? 내가 마주하는 일에는 할 수 있는 일, 할 수 없는 일, 하지 말아야 할 일, 받아들여야만 하는 일, 제쳐두거나 버려야 하는 일이 있습니다. 늘 마음이 어둡고 괴로운 이유는 어쩔 수 없는 일에 마음을 두기 때문입니다. 되지 않는 일을 두고 용을 쓰면 되는 일이 없습니다. 이러기를 반복하면 마음은 점점 위축되고 상처 입고 가난하고 힘들어집니다.

이럴 때는 마음의 구조조정이 필요합니다. 회사가 어려울 때는 구조조정을 합니다. 직원을 줄이고 꼭 필요한 부서만 두고 아까운 많은 것들을 버립니다. 할 수 없는 일, 해서는 안 되는 일, 어쩔 수 없는 일, 버려야 하는 일을 분별하여 마음에서 덜어내야 합니다. 유능한 사장은 회사가 어렵지 않더라도 구조조정을 합니다. 이것저것 손대지 않고 가장 잘할 수 있는 일에 집중합니다. 일이 잘 풀리고 여유로운 마음을 가지려면 할 수 있는 일 중 우선순위를 정하여 더 가치 있는 일에 집중해야 합니다.

    수영을 잘하지 못하는 사람이 물에 빠졌습니다. 양손에 귀한 것들을 잡았기에 수영을 제대로 하지 못합니다. 한참을 떠내려가다가 '이러다가 죽겠구나'라는 생각이 듭니다. 손에 잡았던 것을 하나둘 버립니다. 그래도 때가 늦은 모양입니다. 이제 힘이 다 빠져 물속에서 헤어날 수가 없습니다. '아, 이제 죽는구나! 어차피 죽는 것 이렇게 발버둥 칠 필요가 뭐 있나?'라는 생각으로 살고 싶은 마음마저 내려놓자 온몸의 힘이 빠집니다. 그러자 물속으로 가라앉기만 하던 몸이 물 위로 뜹니다. 살아났습니다!

    놓고, 놓고, 놓아야 합니다. 빽빽한 서양화보다 여백이 있는 동양화처럼 마음의 공간이 있어야 합니다. 채워졌던 곳이 비워지면 더 귀한 것들이 들어올 수 있습니다. 물론 알아도 실천하기 쉽지 않습니다. 마음에 낀 때들이 접착제가 되어 붙잡고 놓지 못하게 하기 때문입니다. 의지로 떼어 놓는 것이 힘들고 어렵더라도 업의 소멸을 위해서는 해야만 합니다. 할 수 없고 해서는 안 되는 일 중 대표적인 것이 남의 삶을 대신 운전하는 일입니다. 남편이나 자식들 운전을 대신할 듯이 열심히 참견하고 열을 냅니다. 안내나 조언은 할 수 있습니다. 하지만 남의 삶을 대신할 듯이 덤비는 것은 분별력의 문제입니다.

    뭔가를 이루기 위해 최선을 다하고, 결과에 연연하지 않아야 합니다. 많은 경우 결과는 주어지는 선물 같은 것입니다. 그리고 그 결과물이라는 것의 대부분은 두고 가는 것들입니다. 두고 가는 것에 마음을 뺏겨, 가지고 가야 할 것을 다치게 하는 어리석은 짓을 절대 해서는 안 됩니다. 원하는 결과가 나오지 않아도 그러려니 하며 넘어갈 수 있어야 합니다. 오직 '진인사대천명'할 뿐입니다.

이렇게 마음의 구조 조정을 하면 몸과 마음이 편하고 유능해집니다. 나의 하늘이 들어올 마음의 공간이 생깁니다.

마음을 열어라

우리 몸은 기운이 다니는 길인 기경팔맥과 기운이 드나드는 혈로 된 12군데 경락이 있고 몸의 모든 조직을 구성하는 80조가 넘는 세포들이 있습니다. 이들이 열리면 몸이 건강해집니다. 반대로 심하게 막히면 병이 납니다.

예로부터 몸은 마음을 닦는 도량이라고 했습니다. 몸이 열려 몸이 건강해지고, 마음이 열려 마음이 건강해지는 것입니다. 스스로 가두거나 갇히지 말아야 합니다. 열고, 열고, 열어나가야 합니다.

또한 사람들의 전생을 보다 보면 몇백 년, 몇천 년 동안 다람쥐 쳇바퀴 돌듯 비슷한 궤적을 그리며 삶을 반복하는 것을 흔하게 봅니다.

이것은 자기 속에 갇혀 있어서 일어나는 현상입니다. 열고 빠져나와야 합니다. 잘못된 믿음이나 신념은 귀신보다 무섭습니다. 본인이 옳고 좋다고 느끼더라도 그 믿음과 신념에 나를 가두지 말아야 합니다.

사람은 서로 열린 관계로 존재해야 합니다. 이 세상 그 누구나 나와 친구나 가족이 될 수 있습니다. 우연히 만나는 그 사람이 언젠가 나의 피붙이가 될 수도 있습니다. 마음 열어 따뜻하게 대하십시오. 세상을 향하여 마음의 창을 활짝 열고 무장해제 하십시오. 특히 나의 본성, 깊은 나와의 관계를 열어야 합니다.

마음으로 열고, 몸으로 열고, 생활 속에서 열어야 합니다. 열고, 열고, 열어나가면 언젠가는 영과 합일이 되는 것을 느끼거나 경험하게 됩니다.

몸을 열어라

몸은 이 세상에 살아있는 한 나의 안식처이고 나를 태우고 다니는 자가용이며 내 마음을 닦는 도량입니다. 몸은 형상으로 나타난 내 존재입니다. 그러므로 마음뿐만 아니라 몸도 열어야 합니다. 건강을 챙기는 적절한 운동을 택하여 생활화해야 합니다. 절을 기본으로 하고 베개운동과 발끝 부딪치기와 같은 운동을 권합니다.

절은 온몸으로 하는 단전호흡이고, 머리부터 발끝까지 온몸에 활력을 일으키며 상하좌우의 불균형을 바로잡는 최고의 운동입니다. 베개운동은 오장육부가 소통할 수 있는 공간을 확보해주는 최적의 운동입니다. 발끝 부딪치기는 우리 몸의 주춧돌 역할을 하는 골반의 균형을 맞춰줄 뿐만 아니라 간, 비, 신장 경락을 효율적으로 자극하여 수많은 병을 예방해 줍니다. 이 세 가지 운동을 6개월 이상 계속해서 효과를 확인하고 주변 사람들에게도 권하십시오.

하늘에 응답하라

도를 구한답시고 산으로 들로 헤매는 사람들이 많습니다. 도란 무엇인가? 도란 나의 본성인 영에게 다가가는 행위입니다. 하루아침에 다 갈 수도 없고, 누가 대신 갈 수도 없고, 산속이나 특별한 곳이어야 갈 수 있는 것도 아닙니다. 생활 속에서 하늘과 대화하며 하늘이 응답하는 삶을 살면 됩니다. 하늘과 땅과 사람들을 소중히 여기고 감사하며 지금, 이 순간을 살면 됩니다.

내가 마음의 문을 열고 하늘이 응답하면 하늘과의 소통이 이루어집니다. 하늘에 있는 나의 영은 내게 줄 것이 너무나 많습니다. 기운으로 빛으로 내게 전달됩니다. 건강해지고 마음이 편해집니다. 더 좋은 선택을 하도록 돕습니다. 머리가 열리고 소통이 이루어집니다. 소통이 이루어지고, 오래되면 스스로 느끼거나 알아차릴 수 있는 단계가 옵니다.

영에 채널을 고정하라

열린 기도는 나에게도 좋고 다른 사람에게도 좋은 기도입니다. 열린 기도를 하면 그 마음이 하늘에 닿습니다. 부처님을 믿든 예수님을 믿든 그 어떤 종교를 믿든 상관없습니다. 순수하고 간절한 마음은 하늘에 닿아 나의 영에게 전달되어 나의 영이 응답합니다. 결국은 나의 영입니다. 영은 나이고 나의 하늘이기 때문입니다.

나의 영이 아닌 다른 채널을 이용하면 문제가 되는 경우가 있습니다. 나 아닌 밖에서 구하는 행위를 하게 됩니다. 이 우주에는 사람에게 들어오려고 하는 좋지 않은 기운이나 존재들이 많습니다. 나의 본성인 영을 외면한 채 밖에서 구하는 것은 이들 좋지 않은 기운이나 존재를 초대하는 행위가 될 수 있습니다. 내게 허점이 보이면 기다렸다는 듯이 좋지 않은 기운이 들어옵니다.

텔레비전에 나오는 유명한 도인이나 종교인의 경우에도 그들의 몸과 마음속을 들여다보면 몸속에 헛것들이 그득하고 머리는 철판 같은 뚜껑이 덮여 있는 사람이 있습니다. 이런 사람은 아무리 좋은 말을 해도 아무리 좋은 종교를 믿는다 해도 참종교인도 참구도인도 아닙니다.

 선한 마음으로 나의 본성, 나의 하늘, 영과 만나십시오. 영은 내게 줄 것이 너무 많습니다. 빙빙 둘러 마음을 전하기보다 직접 소통하기를 권합니다. 나의 영에게 채널을 고정해 대화하고 친구가 되십시오.

4. 내 마음은 보석 상자

나답게 살기 위해서는 마음의 문제를 해결하는 것이 중요합니다. 마음이 바뀌면 세상이 바뀌게 되기 때문입니다. 마음이라는 그릇에 무엇을 담느냐에 따라 몸 주변에 형성되는 기운도 달라집니다. 좋은 것을 담고 있으면 좋은 기운이 형성됩니다. 좋은 일이 일어날 가능성이 높아집니다. 나쁜 것을 담고 있으면 나쁜 기운이 형성됩니다. 나쁜 일이 일어날 가능성이 높아집니다.

검은 기운

우울증을 앓는 사람이 찾아오면 제일 먼저 그 사람 주변을 감싸고 있는 기운의 상태를 봅니다. '검은 기운이 어느 정도 감싸고 있는가, 두꺼운 정도는 어떤가, 몸 안으로 침투했는가?' 등을 살펴야 합니다.

　우울증이 심하기는 하나 검은 기운이 몸 안으로 들어가지 않은 상태는 비교적 안전합니다. 죽고 싶은 충동에 절벽으로 가더라도 무서워 뛰어내리지는 못합니다. 검은 기운이 몸 안으로 들어가면 위험합니다. 자살할 수 있습니다. 검은 기운이 몸으로 파고들 때 자살해 죽은 혼들이 따라 들어갑니다. 이런 사람이 전생에도 자살해 죽은 흔적들이 있으면 대단히 위험한 상태입니다. 언제든지 죽을 수 있는 준비가 된 경우입니다. 이제는 절벽에 서도 무섭지 않습니다. 뛰어내릴 수 있습니다.

살아간다는 것은 바다를 항해하는 것과 같습니다. 잔잔한 물결은 늘 있습니다. 큰 파도도 만나게 됩니다. 이 물결, 이 파도에 대응하고 헤쳐 나가는 과정이 우리 삶입니다.

인생은 고통의 바다라는 말이 있습니다. 감당하기 힘들어 절망할 때도 있습니다. 좌절하고 분노하고 절망하여 죽고 싶은 경우들이 있습니다. 그 감정이 누적되면 검은 기운이 몰려와 몸을 감싸게 됩니다. 좋지 않은 기운으로 주변이 채워지면 좋지 않은 일이 일어날 가능성이 커집니다.

마음의 나쁜 기운들은 언제 어디서 왔을까?

일시적으로 힘든 감정은 이내 회복이 됩니다만 많은 생을 살며 축적된 부정적인 감정들은 두고두고 문제가 됩니다. 큰 충격을 받았거나 지속적으로 누적되어 형성된 것들은 단단한 바위가 되어 계속해서 부정적인 영향을 줍니다. 마음과 몸의 균형과 조화를 무너뜨립니다. 또한 큰 병의 원인이 됩니다. 성격이 모가 난 것도 같은 이유입니다.

"왜 그리 슬퍼요?"
"글쎄요…."
"왜 그리 화가 나 있습니까?"
"아닌데요!"

사람들 대부분은 자신의 마음에 단단한 바윗덩어리가 있는 것을 잘 알지 못합니다. 기억하지 못하는 과거의 생에 이미 형성되어 잠복해 있기 때문입니다. 기억하지 못한다고 없는 것이 아니며, 잠복해 있다고 영향을 주지 않는 것은 더욱이 아닙니다.

슬픔은 슬픔을 부르고 걱정은 걱정을 부르고 공포는 공포를 부릅니다. 이런 것들을 마음에 오래 담고 있으면 그런 기운들이 형성되어 같은 기운을 끌어당기기 때문입니다. 이런 나쁜 기운들은 좋은 일들이 일어나는 것을 방해합니다.

슬픔이나 분노나 공포 등 일시적인 충격으로 형성된 것은 그 뿌리가 몇천 년 전의 것이어도 덜어내기가 비교적 쉽습니다. 집착이나 심술, 근심 걱정, 아만, 의존적인 마음 등은 몇천 년 동안 강화되어온

습쩝입니다.

　본인의 각성과 치유자의 반복적인 도움이 결합해야 어느 정도 덜어집니다. 왜 이런 노력을 해야 할까요? 삶이라는 끝없이 이어지는 여정에 바윗덩어리를 지고 가는 내가 불쌍하지 않습니까?

마음에 담지 말아야 할 것들

그렇다면 구체적으로 우리가 마음에 담지 말아야 할 부정적인 기운에는 어떤 것들이 있을까요? 일상을 살아가면서 우리는 이런 것들을 멀리하기 위해 늘 염두에 두어야 합니다. 마음은 하늘마음을 담는 보석 상자입니다. 보석이 아닌 것을 담으면 불편해집니다. 마음도 몸도 힘들어집니다.

- 집착

집착은 머리를 위축시킵니다. 머릿속에 손수건 같은 것이 보입니다. 손수건을 잡아당겨 반 정도 나오면 집착이 5입니다. 집착에 집착을 더하면 대뇌가 쪼그라져 보입니다. 집착이 극에 달하면 정신분열이 일어납니다. 집착의 뿌리는 전생에 있기에 모순된 집착의 뿌리를 찾아가 몇 번의 손질을 하여 정리합니다.

- 슬픔

슬픔은 폐를 힘들게 합니다. 왼쪽 가슴 아래 갈비뼈 안쪽에 방이 8개인 공간이 있습니다. 슬픔이 아주 많으면 8개의 방에 슬픔이 철철 넘쳐흐릅니다. 슬픔의 뿌리를 찾아 정리합니다.

- 욕심과 심술

욕심과 심술은 심장을 욕보입니다. 심장을 열어보면 하수구 검은 찌꺼기 같은 것들이 숫자와 함께 쏟아져 나옵니다. 심술이 2이면 2로 나옵니다. 5부터는 붉은 구슬 같은 악이 보입니다. 6이면 악마의 꼬리도 보이기 시작합니다. 전생에서 악마를 끌어들일 만큼의 상황을 찾아 정리합니다. 심장 안쪽 허공에서 심술과 악의 뿌리를 찾아 그것까지 끊어줘야 합니다.

- 근심, 걱정

근심, 걱정은 끊임없는 생각으로 비장을 억누릅니다. 밤낮으로 걱정해도 해결되지 않는 일이 있습니다. 놓고 버리고 받아들이는 마음가짐이 필요합니다.

- 분노

분노는 간을 뒤집어 놓습니다. 벌컥 화를 내는 순간을 들여다보면,

화는 배에서 시작합니다. 분노가 가슴까지 올라오는 사람, 목까지 올라오는 사람, 눈까지 올라오는 사람, 머리끝까지 올라오는 사람 등 그 정도가 다양합니다. 머리끝 백회를 뚫을 정도로 분노가 많으면 풍 맞을 가능성이 큽니다. 분노의 전생 뿌리를 찾아 "이젠 괜찮아. 그 기억은 지나간 일이야"라고 달래며 안전한 곳으로 옮겨 안정을 시킵니다.

- 두려움, 공포

두려움, 공포는 콩팥을 쪼그라들게 하고 극에 달하면 머릿속을 하얗게 만듭니다. 명상으로 보면 옴짝달싹 못 하는 공포는 10의 수치입니다. 전쟁 중 엄마 손을 놓친 어린 꼬마의 마음을 내면에 가지고 사는 사람, 전장에서 처참하게 죽었던 전생의 아픔을 가지고 있는 입대를 앞둔 청년 등 공포를 느끼고 사는 사람이 의외로 많습니다. 뿌리를 찾아 풀어야 합니다.

- 아만

아만은 자신을 스스로 닫아 가두는 짓입니다. 갇히면 몸도 마음도 타격을 받습니다. 아만의 정도를 물어보면 목구멍을 거쳐 입으로 숫자가 나옵니다. 4도 많습니다. 6 정도 되면 치유가 일반인들보다 3배 이상 느립니다. 이런 사람들은 세상을 자기 머리로 산다는 신념이 강합니다. 스스로 잘나서 잘 살기에 달리 감사할 것이 없습니다. 타인의 말에 귀를 닫고 자신을 가두고 살아갑니다. 낮추고 감사하며 열어야 합니다. 아만이 왜 높은지 찾아보면 전생에 뿌리가 있습니다. 뿌리를 찾아 풀어주는 작업을 반복합니다. 삶은 대부분 주어지는 것이라는 이치를 깨닫게 하는 일이 제일 어렵습니다.

- 불편과 아픔의 수용

불편하거나 아프면 낫기를 바랄 것 같은데 다 그렇지는 않습니다. 마음속 깊은 곳에서 낫기를 거부하는 사람들이 많습니다. 아내나 남편이나 부모나 자식 혹은 타인의 관심을 끌거나 잡아두기 위해서는 자기가 아파야 하기 때문입니다. 의타하거나 의존하는 사람들입니다. 자기를 자기가 책임지는 주인된 마음을 회복해야 치유가 됩니다.

마음에 담아야 할 것들

마음에 담지 말아야 할 것들이 있다면 마음에 담아야 할 것들도 있습니다. 마음에 담아야 할 것들은 하늘을 닮은 것들입니다. 나의 영, 깊은 나를 깨우고, 유지해주는 것이기도 합니다.

- 양심

하늘을 닮은 마음은 내 마음에 이미 있는 양심이라고 생각하면 무난합니다. 양심이라는 장치가 사람들 마음속에 있다는 것이 신비롭지 않습니까? 양심의 크기나 질은 사람마다 다릅니다. 양심을 키우고 갈고 닦으면 그만큼 내 마음이 하늘마음이 됩니다. 사람은 함께 성장하는 존재입니다. 혼자만의 양심은 물론이요, 집단지성으로 양심을 키우는 노력도 해야 합니다.

- 좋은 사람

삶은 내 뜻대로 되지는 않습니다. 삶에서는 언제나 좋은 일도 궂은 일도 일어나게 마련입니다. 하지만 궂은일은 좀 덜어서 오고 좋은 일은 온전하게 올 수 있도록 할 수는 있습니다. 좋은 사람이 되면 됩니다. 좋은 사람을 정의하기는 어렵습니다. 다음 세 개의 눈으로 봤을 때 무난하면 좋은 사람이라고 할 수 있습니다.

  첫 번째는 나의 눈입니다. 우선 내가 나를 바라볼 때 좋은 사람이어야 합니다. 내가 나를 제일 잘 압니다. 자기를 좋은 사람이라고 생각할 수 있어야 합니다. 자신을 스스로 인정하지 못하면 이 세상에 온전하게 설 수 없습니다. 그렇지만 자기 자신에게 지나치게 관대한 것도 문제입니다. 양심의 눈을 키우고 가다듬는 노력을 계속

해야 합니다.

또한 자신을 너무 엄격하게 대하는 것도 문제입니다. 그것은 자기를 가두고 학대하는 행위와 같습니다. 자신이 부족하고 못났다고 해도 받아들이고 용서할 수 있어야 합니다. 90점, 100점으로 살려면 힘이 듭니다. 60점, 70점이면 충분합니다. 그리고 지금보다 조금 더 나은 내가 되도록 노력하면 됩니다.

두 번째는 다른 사람의 눈입니다. 나 아닌 다른 사람의 눈으로 나를 볼 때 내가 좋은 사람이어야 합니다. 사람은 혼자가 아니라 다른 사람과 어우러져 살아가는 존재입니다. 나를 잘 아는 주변 사람들이 나를 어떻게 보는가도 중요합니다. 자기만 만족하고 주변을 소홀히 하면 독선에 빠집니다. 그것이 충돌이나 갈등의 원인이 됩니다.

마지막으로 하늘의 눈입니다. 내가 나를 보는 눈, 다른 사람이 나를 보는 눈만으로는 부족합니다. 하늘이 날 어떻게 보는가가 중요합니다. 아무리 세상을 훌륭하게 산다고 해도 하늘의 눈을 소홀히 하면 결국 허망해집니다.

좋은 사람이 되려면 항상 세 개의 눈을 염두에 두어야 합니다. 나의 눈, 다른 사람의 눈, 하늘의 눈으로 볼 때 내가 좋은 사람이어야 합니다. 세 개의 눈으로 봤을 때 균형이 잡히면 좋습니다.

• 좋은 사람이 되는 길

좋은 사람은 세상을 잘 사는 사람입니다. 좋은 사람이 되려고 방향을 정하고 조금씩 나아가면 마음이 편안해집니다. 마음이 편안해지면 몸도 편안해지고 건강해집니다. 간혹 좋은 사람으로 사는 일이 손해 보는 것처럼 느껴질 때도 있습니다. 그렇다 하더라도 결국에는 그것은 나에게 좋은 방향으로 작용합니다.

 전생과 현생이 있듯이 다음 생도 있습니다. 현생에 두고 가야 하는 것이 있고 다음 생에 가지고 가는 것이 있습니다. 좋은 사람이 되면 다음 생에 가지고 갈 것이 풍성해집니다. 다음 생을 위한 보험을 드는 것과 같습니다.

 결론적으로 **마음의 기준은 맑고 밝고 선하고 긍정적이고 열린 마음입니다. 생활의 기준은 좋은 사람입니다.** 기준을 분명히 하고 그 기준을 채우려고 노력하는 것이 나를 사랑하는 길입니다. 오뚝이는 잘 넘어지지 않고 잠시 넘어졌다가도 이내 일어섭니다. 무게 중심이 잡혀 있기 때문입니다. 좋은 마음을 갖고 좋은 사람이 되기로 결심해도 넘어질 때가 있습니다. 하지만 기준이 분명하다면 넘어져도 다시 일어설 수 있습니다.

제2장

전생치유

전생치유란 사람 속에 있어서는 안 될 것들을 걷어내고, 많은 생을 살며 받은 상처를 치유하고 마음속에 자리 잡은 바위들을 덜어내는 것을 말합니다. 수많은 생을 살아오며 세상사 뜻대로 되지 않아 상처받은 마음이 자기의 성을 쌓아 세상과 대적하고 있는 모습입니다. 혼, 수, 체, 만신, 채널 등 빙의를 걷어내고 집착, 욕심, 시기 질투, 슬픔, 아만, 악한 마음, 공포, 분노, 내면아이, 천벌, 잘못된 신념 등 마음에 있는 수많은 바위를 덜어내는 전생치유를 하면 힐과 세포들이 변합니다.

1. 치유 과정

가장 먼저 현재 상태를 파악합니다

예를 들어 두통으로 오랫동안 고생하는 사람이 찾아와 원인이라도 알고 싶어 합니다. 이럴 때는 두통의 원인을 찾아 전생으로 들어갑니다. 살펴보니, 어떠한 상황으로 인하여 머리가 깨져 있습니다.

전생의 뿌리를 찾아 들어갑니다

머리통은 왜 깨졌을까? 뿌리를 찾아 들어가면 500년 전 산에 나무를 하러 갔다가 벼랑에서 떨어졌습니다. 깊은 산골이라 주변에 아무도 없습니다. 그 누구의 도움도 받지 못해 홀로 고통 속에 죽어갑니다. 육체에서 분리된 혼이 머리가 깨져 죽어있는 자기의 모습을 봅니다. 머릿속 뇌까지 으스러졌다고 생각합니다.

빙의를 제거합니다

우선, 빙의가 있는지 확인합니다. 빙의의 종류는 혼, 수, 체, 무당알,

만신, 채널 등 여러 가지가 있습니다. 이를 일일이 확인하여 제거합니다.

치유합니다

명상으로 500년 전 현장에 가서 뇌와 깨진 두개골을 깔끔하게 치유한 후, 안전한 곳으로 데리고 가 마음을 진정시킵니다.

기억을 지웁니다

500년 전 현장에서의 기억을 그 시점에서 지웁니다.

현생으로 돌아와 전생 기억의 파동을 지웁니다

현재의 몸으로 돌아와서 통증의 기억과 남아있는 뿌리를 말끔하게 제거합니다. 현생에 영향을 미치는 파동이 소멸합니다.

호전된 정도를 확인합니다

통증이 얼마나 줄었는지 숫자가 공간에 띄워집니다. 대부분 절반 이상으로 줄어들지만 한 번으로 해결되지 않을 때가 많습니다. 그 원인 외에 다른 원인이 더 있는 경우입니다. 같은 방법과 순서대로 몇 번의 전생을 더 찾아서 남은 숫자가 2가 될 때까지 치유합니다.

결과를 확인합니다

단 한 번의 치유로 명쾌하게 낫는 일도 있습니다. 남은 숫자가 2가 되면 나머지는 시간에 맡깁니다. 위 사례는 뿌리를 2~3개 더 찾아 통증을 극복한 경우입니다.

2. 전생치유 방법

이번 장에서는 위의 전생치유의 과정에서 나오는 전생치유의 방법을 설명할 것입니다. 보통 사람들은 전생을 치유한다고 말하면 사이비라고 생각할 수도 있고, 믿기 어려운 것도 이해가 됩니다. 하지만 실제로 전생치유를 받은 사람들의 경험은 그것이 실재한다는 것을 반증해 줍니다.

명상을 통한 전생치유

명상은 시간과 공간의 제약을 받지 않습니다. 명상 속에서는 몇천 년 전의 일도 현재에 일어나는 것처럼 보고, 미국이나 유럽처럼 다른 대륙에 사는 사람도 바로 앞에 있는 것처럼 느낄 수 있습니다. 물론 명상을 한다고 하는 모든 사람이 그 경지에 이를 수 있는 것은 아닙니다.

일정한 경지에 이른 사람의 경우, 명상을 통해서 다음과 같은 것을 행할 수 있습니다.

첫째, 사람의 몸속을 들여다보고, 몸에 문제가 있다면 그것을 치유할 수 있습니다.

몸을 봅니다. 돌과 바위를 덜어내고 사랑이 온전하도록 깨어나도록 돕는 것이 포인트입니다.
몸도 총체적으로, 마음도 총체적으로 들여다보고 정리합니다.

몸은 이 세상 가장 훌륭한 제약공장입니다, 정상적으로 돌아가면 내게 필요한 약을 만들 수 있습니다. 백 년, 아니 천 년이 흘러도 몸만큼 훌륭한 제약공장은 없습니다. 이 훌륭한 제약공장 주인은 나입니다. 나는 훌륭한 제약공장의 주인입니다. 내 안에는 뛰어난 의사가 전담 주치의로서 24시간 나만 돌봐줍니다. 제약공장과 주치의가 있다는 사실을 정확히 이해하는 것과 그냥 흘려보내는 것에는 큰 차이가 있습니다. 모진 병에 걸려 생사를 오갈 때. 우리는 그동안 아프면 의사를 찾고 약국으로 뛰어갔습니다. 하지만 밖에서 구할 수 없는 약이나, 의사가 많습니다. 근본적인 병들은 밖에서 해결되지 않습니다. 고혈압, 고지혈, 고콜레스테롤, 당뇨, 통풍, 치매, 골다공증, 밥맛없고, 침도 마르고, 먹어서 배가 더부룩한 것, 신트림, 가슴이 답답하고, 아프기도하고, 숨이 안 쉬어지고, 아랫배 차고, 자궁, 생식기, 손발이 차고, 온몸이 시려운 증상 등. 제약공장이 잘 돌아가는 게 중요합니다. 정도의 차이가 있을 뿐 머리끝부터 발끝까지 변화가 올 수 있습니다.

둘째, 몇백, 몇천 년 전 전생을 보고 그 전생으로 들어가 현재 삶의 문제가 되는 원인의 근거를 찾아 해결할 수 있습니다.

몇천 년 동안 쌓아온 무게, 태어날 때 가지고 온 것을 덜어주는 것입니다. 그리고 마음을 봅니다. 마음은 보석상자입니다. 하늘마음을 담는 그릇입니다. 하늘마음의 핵심, 정수는 사랑입니다. 마음이라는 그릇에 사랑만 있으면 좋습니다. 흙, 쓰레기, 바위, 돌, 집착, 욕심, 아만, 슬픔, 악, 공포, 분노, 자기혐오가 많은 경우에 이야기를 안 들어도 그 사람 삶을 알 수 있습니다. 세상살이 힘들겠다, 자기가 알아도 해결되지 않습니다. 삶의 무게가 되어 짓누르고 있습니다. 몇천 년간 형성되어 성격이 되었습니다. 그것을 해결해 줍니다. 그러면 운명이 바뀔 수도 있습니다.

셋째, 사람에게 붙어 있어서는 안 되는 것을 찾고, 보고, 제거할 수 있습니다. 또한 하늘로 올라가지 못한 죽은 사람의 혼을 치유하여 하늘로 올릴 수 있습니다.

귀신을 빼줍니다. 짐승혼, 만신을 걷어내고 못 들어오게 보호막을 칩니다. 절반을 덜어주는 것이 목표입니다. 치유 대상자와 함께 마음 맞추어 노력하면 10개중 7~8개 이상 덜어지기도 합니다.

보통 사람들이 사는 시간과 공간이라는 눈에 보이는 3차원의 시공간만이 세상 전부는 아닙니다. 시간과 공간의 제약을 받지 않는 4차원 이상의 세계가 분명 존재합니다. 수련을 통해 많은 이들이 이를 증명하고 있습니다. 그러니 그 시공간의 제약을 벗어나 지구 반대편에 사는 사람도 눈앞에 있는 것처럼 보고 치유할 수 있는 것입니다.

명상을 통한 전생치유 과정

현생 문제의 뿌리가 전생에 있는 경우, 그 원인을 찾아 명상에 듭니다. 켜켜이 쌓인 전생의 삶들 속에서 현생 문제의 원인을 찾는 일은 마치 두꺼운 사전 속에서 낱말의 뜻을 찾는 것과 비슷합니다. 잘못된 낱말을 넣으면 전혀 엉뚱한 원인이 나오게 됩니다. 핵심 키워드로 해당 장면을 찾는 것이 중요합니다. 원인을 찾아 전생을 명상할 때, 가까운 전생에서부터 몇백 년, 몇천 년 전의 오래된 전생까지 원인이 되는 것은 어디에나 있을 수 있습니다. 명상을 통해 전생을 보면 그 전생이 마치 사진처럼 생생하게 보입니다. 전후 맥락을 따라 이으면 동

영상처럼 볼 수도 있습니다. 좀 더 가까이 들어가면 해당 장면 속에 내가 있는 것처럼 분위기와 느낌이 생생합니다.

전생에 사고로 인해서 문제가 생겼으면 그 사고를 수습합니다. 상처가 생겼으면 그 상처를 치유합니다. 누군가와 오해로 생긴 문제가 원인이면 그 오해를 풀어줍니다. 원수처럼 쌓인 앙금도 화해시킵니다. 현재 삶의 불안, 공포, 분노를 불러일으키는 원인을 제거하고 마음을 안정시킵니다.

최종적 치유는 간뇌의 역할입니다. 문제가 발생한 원인, 치유 과정, 그리고 그 결과를 뇌 깊숙이 자리한 간뇌가 관여해서 확인해야 합니다. 명상으로 보면 머릿속은 다섯 겹입니다. 다섯 겹의 손을 넣어 지우개로 지우듯이 문제가 된 전생의 기억을 지웁니다. 그래야 간뇌까지 결재를 맡는 것입니다. 그러면 문제가 된 기억 자체가 없어집니다.

사고로 인한 외상 같은 신체의 문제는 치유자가 혼자서 해결하면 끝납니다. 하지만 마음의 상처나 사람 관계의 뒤틀림 등은 치유 대상자에 대한 교육이 필요합니다. 치유 대상자의 초의식(초아)을 데리고 가서 현장을 보여주고 상대의 입장이 되어보게 하는 등 교육을 통해 깨닫게 합니다. 최면과는 달리 의식을 데리고 가서 보여주는 것이 아니어서 이때 치유 대상자는 어떤 일이 일어나고 있는지 알지 못합니다.

해결하는 과정에서 한 장면을 해결하고 나면 또 다른 문제 장면이 있는지 살핍니다. 두 번째, 세 번째 쭉 나오다가 벽 같은 것이 나타나면 더 이상 다른 장면이 없다는 것입니다. 한두 번의 시도로 문제가 해결되기도 합니다. 반면, 치유해도 별다른 효과가 없으면 핵심 장면을 못 잡았거나 치유과정에서 중요한 것을 놓쳤을 가능성이 있습니다. 문제가 되는 장면을 찾는 키워드를 다른 각도에서 생각하여 접근하는 노력이 필요합니다.

간혹 일정 기간 효과가 유지되다가 재발하는 경우가 있는데 이는 뿌리가 남아있는 경우입니다. 처음부터 문제를 모두 발견해서 다 해결하면 좋은데 반드시 그렇지는 않습니다. 때가 되어야만 문제가 보이는 경우가 있기 때문입니다.

원격 전생치유와 최면 치료와의 차이점

명상을 하는 중에 소수가 전생을 봅니다. 그렇더라도 정도의 차이는 큽니다. 녹슨 청동거울에 비유하자면 녹이 닦인 정도에 따라 선명도가 차이가 나는 것과 같습니다. 어렴풋이 보는 사람도 있고 더 선명하게 보는 사람도 있습니다. 하지만 보는 것만으로는 문제 원인을 확인할 수는 없습니다.

그런데 전생을 볼 뿐만 아니라 해당 장면에 관여하여 문제를 해결하는 예외적인 경우가 있습니다. 비디오를 보듯 전생을 보고 현재의 문제를 일으키는 원인이 되는 전생을 없애 현재의 문제를 해결하는 것입니다. 치유 대상자가 직접 그 과정을 보지 못한다 해도 자신의 현재 문제가 해결되었다면 전생에 문제가 있었고 그것이 해결되었다는 것을 추정할 수 있습니다.

최면으로 전생을 치료하기도 합니다. 최면 치료는 의사가 최면 상태인 환자의 눈을 통해 해당 전생 장면을 찾아 문제를 해결하는 것입니다. 최면 치료는 의사의 역량이나 환자 상태에 영향을 많이 받습니다. 의사가 전생을 보지 못하는 상태에서 환자의 눈으로 문제를 찾아 해결하는 데는 한계가 있습니다. 환자의 의식에 다가가는 데 여러 간섭 현상이 있을 수 있어 정확하지 않을 수 있고, 실패할 수도 있습니다.

3. 치유율

병의 원인, 치유 기간, 치유율

난치병이나 고질병은 전생에 있었던 일이 문제의 중심 원인인 경우가 대부분이지만 빙의나 현재 마음 상태가 복합적으로 작용한 것이기도 합니다. 대체로 전생이 60%, 마음상태 30%, 그리고 빙의가 10% 정도의 원인을 차지합니다.

따라서 전생 문제가 해결됐다고 모든 병이 치유되기를 바랄 수는 없습니다. 대상자가 마음가짐을 개선하기 위해 노력해야 합니다. 찢어진 것을 깁고, 깨진 것을 복원하는 외과수술을 하는 것처럼 몸에 난 전생의 상처를 치유하는 것은 효과가 빠릅니다. 한두 번의 치료로 낫는 경우가 많습니다. 하지만 마음의 상처를 치유하는 데는 더 많은 시간과 노력이 필요합니다. 그렇더라도 한 달 정도면 대부분 병이나 문제는 정리됩니다. 물론 6개월이나 1년 이상 걸리기도 합니다. 성격이나 사람 관계의 뒤틀림은 바로잡기 힘들고 시간도 걸립니다.

치유를 시작하기 전 불편한 정도를 10으로 하고, 치유한 후 불편함이 오히려 반 이상 악화되었으면 불편함의 정도는 15로, 3정도 좋아졌으면 남은 불편함의 정도는 7, 7정도 좋아졌으면 남은 불편함은 3으로 가정해봅시다.

치유 대상자를 만나거나 직접 물어보지 않아도 어느 정도 좋아지고 있는지 가늠할 수 있습니다. 반 정도 좋아졌을 때 치유 대상자나 치유 요청자에게 어떤가를 물어보면 답변 정도의 차이는 큽니다. 어떤 사람은 다 나은 듯 말하고, 어떤 사람은 조금 나았다고 말하고, 어떤 이는 전혀 낫지 않았다고 말합니다. 별 감응이 없고 반응이 무덤덤하면 난감하기도 하고 답답하기도 합니다. 이런 경우 치유 속도가 느리고 치유율이 낮게 나올 확률이 높습니다.

전생치유에서 불편함을 0으로 만들겠다고 덤비는 것은 무모합니다. 반쯤 좋아지면 좋겠다는 마음으로 시작해야 합니다. 그 어디에서도 해결하지 못하거나 원인조차 몰라 몇 년, 몇십 년 앓아오던 고질적인 문제를 조금이라도 덜어낼 수 있다면 참으로 다행입니다. 불편한 10이 5가 되기를 소원하는 소박하고 간절한 마음을 가질 때 그 이상의 결과로 보답 받는 경우가 자주 있습니다.

4. 치유가 잘 되는 사람

전생치유는 원격으로 이루어집니다. 치유 대상자가 치유가 이루어지고 있다는 것을 모르는 것이 좋습니다. 만약 전생치유의 원리를 이해하고 마음을 활짝 열어 협조할 수 있다면 치유 대상자가 알아도 무방합니다. 치유 대상자와 치유자 사이에 소통의 도로는 넓을수록 좋습니다.

지금 이 세상에 명상으로 하는 전생치유의 원리를 이해하는 사람은 거의 없습니다. 명상으로 치유하는 것을 목사나 스님이 기도하는 것 정도로 알면 오히려 다행입니다. 무당이 하는 업장 소멸이니 어쩌니 하는 것으로 알고 반감을 품거나 방어기제를 펴면 치유 효과가 줄어듭니다. 소통의 길을 끊어 없애려고 하면 치유가 어렵습니다. 그럴 바에는 차라리 치유 대상자가 모르는 편이 낫습니다.

세상에는 맑고 밝고 선한 사람들이 있습니다. 이런 사람들은 긍정적이고 낙관적입니다. 최선을 다하되 결과에 집착하지 않습니다. 남을 탓하지 않고 문제의 원인을 자기 속에서 찾습니다. 마음이 열려 있습니다. 이런 사람들은 전생치유율이 매우 높습니다.

제3장

기통

하단전-중단전-상단전이 균형을 이루며 하늘동그라미가 머리 위에 떠오르고, 손끝 발끝까지 온몸이 빛으로 채워져서 몸에서 은은한 빛이 퍼져나가는 모습을 띠면 기통이 되었디고 말합니디. 여기서 빛은 기운이자 파동이고 정보이고 에너지입니다.

1. 기통

기통이란

하늘과 우주와 사람은 같은 체계로 돌아가는 하나의 생명체입니다. 우주는 기운의 바다입니다. 한없이 넓은 우주 공간은 빈 허공이 아니라 빛과 정보, 파동, 에너지로 채워져 있습니다. 모든 존재의 모태이며 서로 열려 있어서 하나로 연결되어 있습니다. 사람에 비유하면 정신과 육체 중 육체에 해당합니다. 음양오행의 원리에 의해 균형과 조화를 이루며 돌아가고 있습니다. 우주와 사람은 백회(제7 차크라)를 통해 연결됩니다.

하늘은 우주를 포함하지만 다른 차원에 실재합니다. 사람이 죽어서 가는 곳이 하늘입니다. 우주가 육체라면 하늘은 정신입니다. 우주가 기운이라면 하늘은 마음입니다. 우주가 땅이라면 하늘은 그야말로 하늘입니다. 원리, 정화, 영성, 근원 중 근원, 온전함, 하지만 가장 최상의 마음은 하늘의 마음입니다! 하늘과 사람은 하늘문(제8 차크라)로 연결됩니다.

사람은 우주와 하늘을 닮았습니다. 그래서 소우주라고 합니다. 사람은 우주와 하늘이 펼쳐놓은 기운의 바다에서 살고 있습니다. 하늘마음은 이미 사람에 들어와 자리하고 있고, 사람은 음양오행의 원리에 의해 균형과 조화를 이루며 살아갈 수 있도록 완벽하게 설계되었습니다.

갓 태어난 아이는 단전의 각도가 90도이며 우주와 소통하는 백회가 열려 있고 머리 위 하늘문을 통해 하늘 기운을 받습니다. 나이가 들고 현상계에 마음을 뺏겨 에고가 형성되면 단전은 접히고 백회와 하늘문은 닫혀 사람은 우주와 하늘의 기운으로부터 멀어집니다. 하늘, 우주, 사람, 만물은 열린 관계로 존재해야 합니다. 하나의 생명체와 같습니다. 연결되어 서로 소통할 때 완전해집니다.

기통이란 단전이 제 기능을 찾으며 90도가 되고 우주와 소통하는 백회가 열리고 우주와 하늘의 정보를 송수신하는 송과체에 불이 들어오고 하늘과 소통하는 하늘문이 열려 갇힌 나에서 열린 나로 거듭나는 것을 말합니다. 닫혔던 문들이 열리면 우주의 기운은 백회로, 하늘의 기운은 하늘문으로 쏟아져 들어옵니다.

우주 기운은 온몸을 채우고 하늘 기운은 단전에 쌓입니다. 마른 논, 말라가던 논에 물이 들어오는 것을 연상하면 됩니다. 몸과 마음이 살아납니다! 우주의 일원으로, 하늘 백성으로 살아가도록 설계된 나의 본 모습을 회복하게 됩니다.

기통 진행 과정

우주는 기운의 바다입니다. 사람은 이 바다에서 온몸으로 숨을 쉬며 살아갑니다. 사람은 우주의 흐름에 함께해야 합니다. 그러기 위해 나를 열어야 합니다. 사람 기운의 중심을 보면 대부분 배꼽 위에 있습니다. 이런 사람은 기운이 시계 방향으로 돌아갑니다. 우주는 열리는 쪽으로 돌아갑니다. 사람도 우주의 일원입니다. 몸의 기운이 열리는 쪽, 시계 반대 방향으로 돌아야 건강합니다. 기운의 중심을 아래로 내려 방향을 바로잡을 수 있습니다. 아래로, 아래로 내리면 열리고, 열립니다.

기운의 중심

갓난아기는 우주와 소통하는 백회가 열려 있고 머리 위 하늘문을 통해 하늘 기운을 받습니다. 아랫배에 원판 같은 단전이 있어서 온몸으로 기운을 받고 기운의 중심이 아랫배에 잡힙니다. 3살 정도가 되면 원판 같던 단전이 동전 크기만 하게 줄어들고 5살 정도가 되면 점처럼 보일락 말락 하다가 좀 더 나이가 들면 아랫배 피부밑에 책갈피 속 빛바랜 꽃잎처럼 세로로 세워져 기운을 받지 못하게 되고 기운의 중심은 배꼽 위로 올라가게 됩니다. 그래서 사람들은 대부분 기운의 중심이 배꼽 위로 떠 있습니다.

윗배나 가슴, 심하면 얼굴에 기운의 중심이 있는 사람들이 있습니다. 기운이 위로 뜨면 몸의 균형과 조화가 무너집니다. 닫힌 몸이 됩니다. 닫힘의 끝은 죽음입니다. 기운의 중심이 얼굴까지 올라간 사람은 위험합니다. 절을 하면 이 기운의 중심을 아래로 내릴 수 있습니다. 기운의 중심이 아랫배까지 내려오면 건강해집니다. 회음(성기와 항문 사이) 아래로 내려가면 열린 몸이 됩니다.

단전의 가동

단전丹田은 한자로 붉은 밭, 사람의 몸에 있는 경혈 중에서 가장 기운이 많이 모이는 에너지의 중심이라고들 말합니다. 이 단전이 하늘의 기운을 받는 장치로 작동합니다. 사람에게만 있습니다. 몸에는 하단전·중단전·상단전 3개의 내단전과 양손 양발에 각각 1개씩 4개의 외단전이 있습니다.

단전은 기운의 중심과 깊은 관련이 있습니다. 기운의 중심이 회음 아래로 내려가면 단전이 가동됩니다. 단전이 가동되면 하늘의 기운을 온몸으로 받을 수 있습니다.

단전호흡

절은 온몸으로 하는 단전호흡입니다. 일어났다 앉고 엎드리기를 반복하며 기운의 중심을 아랫배 밑으로 끌어내리고 양손 양발에 있는 4개의 외단전이 열렸다 닫혔다를 반복하며 몸통에 있는 내단전을 자극합니다. 하단전이 단전의 뿌리라고 할 수 있습니다. 기운의 중심이 회음 아래로 내려가면 하단전이 깨어납니다.

온몸의 열림

기운의 중심이 회음 이하에서 안정되면 몸은 더 열 수 있는 길을 찾습니다. 단전에 핵이 생깁니다. 단전의 불씨가 생겼다고 할 수 있습니다. 다음으로 충맥이 열립니다. 충맥은 백회에서 회음까지 몸통을 수직으로 관통하고 기운의 중심을 잡아주는 중요한 맥입니다. 대부분의 사람은 충맥이 흐릿하고 미미하게 점선처럼 이어져 있습니다. 하단전에 핵이 생기면 회음에서 백회로 충맥이 자랍니다. 또렷한 실선으로 변합니다. 회음에서 백회까지 기운의 도로가 생긴다고 할 수 있습니다.

이때 제 기능을 잃고 세로로 세워져 있던 단전이 조금씩 원판의 모양을 회복하며 원래 자리로 돌아갑니다. 하늘 기운을 다시 받기 시작합니다. 충맥이 열리면 대맥과 임독맥이 차례대로 열립니다. 교유맥이 열립니다. 12경락을 구성하는 361개의 혈이 열립니다. 세포가 열립니다. 이러는 과정에 상중하 단전이 영글어가고 백회가 열립니다. 이렇게 되면 우주의 기운이 몸으로 들어옵니다. 머릿속 간뇌가 활성화되어 송과체에 불이 들어오고 인당과 목창*이 열립니다. 몸 밖 머리 위에 접시 같은 하늘문-하늘동그라미가 생깁니다. 하늘 기운이 내려꽂힙니다. 그동안 공들여 열었던 단전, 기경팔맥, 12경락의 혈, 세포 속으로 우주와 하늘의 기운이 쏟아져 들어옵니다.

바로 기통입니다! 하늘문이 열리는 것은 기통의 완성이고 신통의 시작입니다. 한없이 열어가는 과정은 계속됩니다.

기통

눈에 보이지 않는 기운을 따라 피가 흐릅니다. 기운의 흐름이 약하거나 막히면 피의 흐름도 약하거나 막힙니다. 병이란 기운의 흐름이 온전하지 않아 해당 부위에 피가 제대로 공급되지 않기 때문에 일어납니다. 기통이란 온몸에 기운의 고속도로가 뚫려 개통하는 것을 의미합니다. 기통이 되면 단전호흡이 저절로 됩니다. 몸의 변화들이 자동화됩니다. 스스로 돌아갑니다. 몸의 모순들이 순차적으로 정리됩

---

* 목창(目窓) : 눈동자를 통하는 수직선상에서 앞머리털 경계로부터 1.5치 위에 있는 혈자리다.

니다. 건강 걱정은 더는 하지 않아도 됩니다.

놀라운 능력들이 계발됩니다. 새로운 눈이 생깁니다. 사람으로서의 자기 존재에 자부심을 느낍니다. 다른 사람을 도울 수 있는 능력도 생깁니다. 하늘과 우주와 하나 되는 삶이 얼마나 행복하고 소중한지를 알게 됩니다. 자유로워집니다.

기통 수련 과정

맑고 밝고 선하고 긍정적이고 열린 마음이면 기통이 잘 됩니다. 우선, 전생치유를 통해 몸과 마음의 긴장을 풀어야 합니다. 절과 명상으로 몸과 마음을 열어야 합니다. 열고, 열고, 열어 그 끝은 하늘입니다. 자기 속에서 빠져나와 하늘을 향해 한없이 나아가야 합니다.

전생치유

전생치유란 사람 속에 있어서는 안 될 것들을 걷어내고, 많은 생을 살며 받은 상처를 치유하고 마음속에 자리 잡은 바위들을 덜어내는 것을 말합니다. 수많은 생을 살아오며 세상사 뜻대로 되지 않아 상처받은 마음이 자기의 성을 쌓아 세상과 대적하고 있는 모습입니다. 혼, 수, 체, 만신, 채널 등 빙의를 걷어내고 집착, 욕심, 시기 질투, 슬픔, 아만, 악한 마음, 공포, 분노, 내면아이, 천벌, 잘못된 신념 등 마음에 있는 수많은 바위를 덜어내는 전생치유를 하면 혈과 세포들이 변합니다. 긴장감이 사라지고 느슨해집니다. 무장해제를 합니다. 마음의 긴장, 몸의 긴장이 풀려 기운이 원활하게 소통할 수 있는 조건이 됩니다.

몸은 361개의 혈과 80조가 넘는 세포가 있습니다. 혈과 세포는 몸을 구성하는 기본 요소이며 내외부적으로 연결되는 소통의 통로입니다. 일반인들의 혈과 세포는 많이 긴장되어 있습니다. 투구 쓰고 갑옷 입고, 한 손엔 창, 한 손엔 방패를 든 성을 지키는 병사와 같은 모습입니다.

절

절은 온몸으로 하는 단전호흡입니다. 절을 통해 몸을 열어야 합니다.

명상

명상하며 하늘과 우주와 내가 하나 되는 경험을 통해 마음을 열어가기를 권합니다.

+α

세상에는 좋은 마음을 가진 좋은 사람 중 절을 하고 명상을 하며 하늘에 다가가고자 수십 년간 노력하는 사람들이 많습니다. 그런데 그들은 왜 기통이 되지 않을까요? 물이 없는 곳을 아무리 파도 목마름만 더할 뿐 갈증은 해소되지 않습니다. 물이 있는, 물이 나오는 곳을 찾아야 합니다. 하늘의 문이 열려 하늘의 기운이 쏟아지는 곳을 찾아야 합니다.

기통이 완성된 모습

명상으로 보았을 때 기통이 완성된 모습은 108쪽 그림과 같습니다. 수련자의 하단전-중단전-상단전이 균형을 이루며 하늘 동그라미가 머리 위에 떠 오르고, 손끝 발끝까지 온몸이 빛으로 채워져서 몸에서 은은한 빛이 퍼져나가는 모습을 띠면 기통이 되었다고 말합니다. 여기서 빛은 기운이자 파동이고 정보이고 에너지입니다.

 이 모습이 만들어지기까지는 우선 전생치유가 이루어지고, 둘째 기통 수련 과정을 통해 기경팔맥, 혈, 세포가 하나하나 열리고 순차적으로 온몸에 빛이 채워지면서 하단전-중단전-상단전-백회가 열리고, 머리 위에 하늘문이 떠올라야 합니다.

기통 전후 변화

기통 전 수련 과정

- 머리가 맑아지고 몸이 가벼워집니다.
- 입에 침이 많이 생기고 배고픔을 느낍니다.
- 덜 피곤합니다.
- 미병이 드러나고 풀립니다. (미병은 건강과 질병의 중간 단계로, 뚜렷한 질병은 없지만 불편한 증상을 호소하는 상태를 말합니다.)
- 몸 여기저기서 전기 같은 느낌이나 열감, 압력, 흔들림, 자발공 등 기를 느끼는 감각이 살아납니다.
- 방귀나 하품이 자주 나옵니다.
- 숙변이 빠지기도 합니다.
- 피부 발진이나 역겨운 냄새가 나기도 합니다.
- 몸살기 같은 것이 오고 아프거나 불편한 곳이 드러납니다.
- 속이 울렁거리고 열이 나기도 합니다.
- 머리가 아프거나 어지러울 수 있습니다.
- 고주파 파동처럼 미세한 떨림이 일어납니다.
- 빛이나 색깔, 여러 가지 상이 보입니다.

기통 후 몸, 마음, 능력의 변화

몸의 변화

- 기통 전에 일어났던 긍정적인 변화들이 강화됩니다.
- 감각들이 정교하고 예민해집니다.
- 우주와 하늘 기운이 수시로 들어와 몸의 모순을 순차적으로 정리합니다.
- 암이나 중풍, 치매, 골다공증 등 고질적인 병에서 벗어나거나, 가볍게 지나갑니다.
- 몸이 알아서 스스로 돌아가 균형과 조화를 이루는 흐름이 강화됩니다.
- 시력이 좋아져 안경을 바꿔야 하는 경우가 생깁니다.
- 골밀도가 올라가고 키가 자랄 수 있습니다.
- 머리에 함몰된 곳이 채워지고 빈약한 곳이 차올라 골상이 변할 수 있습니다.
- 곱게 늙고 죽을 때까지 자기 수발을 할 수 있습니다.
- 세상 마지막을 순하게 맞을 수 있습니다.

마음의 변화

- 한 꺼풀막이 벗겨져 세상이 새롭게 보입니다.

- 우주와 하늘에 연결되어 그 속의 일원이라는 소속감을 느낍니다.
- 자연과 세상이 가까워집니다.
- 명상이 잘 되고 깊이 들어갑니다.
- 자연, 동물, 식물, 사물과 교감이 일어납니다.
- 세상이 내 편이라는 생각이 듭니다.
- 편안함과 행복감을 느끼고 무장해제가 됩니다.
- 하늘에 감사하는 마음이 저절로 생깁니다.
- 여유롭고 관대하며 자유로워집니다.
- 자기를 귀하게 여기고 사랑하게 됩니다.

능력의 변화

- 우주와 하늘의 기운이 들어와 몸과 마음을 채우고, 차고 넘쳐서 다른 사람들을 도울 수 있습니다.
- 내 속에 봉인되어 있던 수많은 능력이 드러납니다.
- 제3의 눈이 생깁니다. 기운을 보고 혼을 보고 전생을 볼 수 있습니다.
- 사람의 몸속 상태를 느끼고 직접 들여다볼 수 있습니다.
- 암이나 치매, 중풍 등 고질병이나 의학적으로 치료 불가능한 병도 치유할 수 있습니다.
- 유체 이탈, 시간여행, 공간여행을 하기도 합니다.

- 전생치유를 할 수 있습니다.

기통은 끝이 아닙니다. 신통, 영통의 출발점입니다. 더 열어 가면 새로운 지평이 열립니다. 이 길의 끝은 하늘입니다. 어디까지 갈 수 있느냐, 얼마나 가까이 가느냐는 마음의 크기와 여는 정도에 따라 달라집니다.

기통 이후 과정

기통은 빛의 세계로 입문하는 것입니다. 완성이 아닙니다. 기통이 되었을 때를 평균적으로 보면 백회가 열리면서 업이라 추정되는 거적때기가 엷어지고 하늘과 소통을 막은 풍선 막 같은 것에 있던 단춧구멍만 한 구멍이 탁구공만 하게 커집니다.

송과체에 불이 들어옵니다. 빛으로 전환되어 아기 때보다 밝아지긴 했지만 아직도 불투명한 빛입니다. 단전도 50% 정도 활성화됩니다. 단전은 특별합니다. 어느 정도 활성화되면 자체 동력이 생깁니다. 자동 또는 반자동으로 돌아갑니다. 50% 활성화는 부족합니다. 80% 이상 활성화를 목표로 하기를 권합니다. 그 정도 되면 대부분 저절로 돌아갑니다. 기통 후 초심을 잃지 않고 5년 이상 정진하면 내 몸은 죽을 때까지 내가 돌볼 수 있게 됩니다.

    기통이 빛의 완성은 아닙니다. 기통했더라도 여전히 마음과 몸에 모순이 많습니다. 이 모순들은 때고 찌꺼기고 그림자입니다. 수련을 계속하여 빛의 완성도를 높여야 합니다.

2. 기공유

우리 몸은 마음心과 기氣 혈血 정精 작용으로 돌아갑니다. 혈과 정보다 마음과 기의 흐름이 중요합니다. 눈에 보이지 않는 기운을 따라 피가 흐릅니다. 기운의 흐름이 약하거나 막히면 피의 흐름도 약하거나 막힙니다. 기운의 흐름이 균형을 잃어 조화롭지 못해도 피의 흐름에 문제가 생기게 됩니다. 병이란 기운의 흐름이 온전하지 않거나 조화롭지 못해 해당 부위에 피가 제대로 공급되지 않기에 일어납니다.

현대의 의사 대부분은 눈에 보이는 혈과 정 위주로 병을 치료합니다. 만약 이 의사들이 보지 못하는 마음과 기를 볼 수 있는 지능 2,000[*]의 눈을 가질 수 있다면 보다 근원적인 병의 뿌리를 찾아 진단할 수 있지 않을까요? 만약 진단과 동시에 마음과 몸의 모순을 바로잡을 수 있는 기운의 흐름을 연결하는 처방을 할 수 있다면 사람들은 많은 병

---

[*] 백의 영역인 사람은 대부분 지능지수 200 이하이니 200으로 표현하고, 혼의 영역은 혼의 영역을 지능지수 2,000으로 영의 영역을 지능지수 20,000으로 표현하겠습니다.

으로부터 자유로워질 수 있지 않을까요?

    기통이 되면 백회로, 하늘문으로, 온몸으로 우주와 하늘 기운이 쏟아져 들어옵니다. 이 기운이 약한 곳은 보충하고 막힌 곳은 뚫고 조화롭지 못한 것들은 바로잡아줍니다. 기의 흐름을 바로잡으면 피의 흐름도 정상화됩니다. 몸의 모순들이 순차적으로 해결됩니다. 마음의 모순들도 점진적으로 해결됩니다. 그뿐 아니라 그 기운이 차고 넘쳐서 다른 사람들과 나눌 수도 있게 됩니다.

    우주의 기운은 몸에, 하늘의 기운은 마음에 주로 작용합니다. 이 기운이 들어와 나의 몸과 마음을 풀어주었듯이 내 주변 사람들의 몸과 마음도 풀어줄 수 있습니다. 온몸이 열려 그 기운을 받을 수 있는 내가 사람들에게 관심을 가지고 기운을 연결해 주면 됩니다. 기운의 흐름은 2,000 이상의 영역입니다. 나에게 그랬듯 내가 연결해 준 사람들에게도 똑같이 작용합니다. 그들의 몸과 마음의 모순을 가장 적합한 방법으로 해결해 줍니다. 진단과 처방이 자동으로 일어납니다.

    세상의 의사들은 지능이 높아도 200 미만입니다. 환자 한 사람 한 사람 정확하게 진단하고 처방해야만 병을 고칠 수 있습니다. 나를 통해 연결되는 이 기운은 2,000 이상의 지능을 가졌습니다. 10명이고 100명이고 그들 각자에게 맞는 진단과 처방을 동시에 할 수 있습니다. 무리하거나 실수하지 않습니다. 몸과 마음을 같이 치유합니다.

3. 절과 명상

절

아픈 것은 형벌입니다. 구급차에 실려 병원으로 가는 사람, 수술대 위에 누워 배를 드러내고 처분만 기다려야 하는 사람, 집에 가지 못하고 병실에서 생활해야 하는 사람, 고질병으로 늘 불안하고 고통받는 사람. 병든 사람은 죄인입니다. 마음대로 먹을 수 없습니다. 자유롭게 다닐 수 없습니다. 편한 마음으로 쉴 수 없습니다. 하고 싶은 일을 할 수 없습니다. 그리운 사람들을 만날 수 없습니다. 스스로 할 수 있는 일들이 극히 제한됩니다. 당연히 사람대접을 못 받습니다. 이 형벌에서, 창살 없는 감옥에서 벗어날 수 있을까요? 있습니다. 하루 1시간의 노력이면 가능합니다.

어지럽거나 머리가 아픈 사람, 귀에서 이상한 소리가 들리는 사람, 눈이 침침하거나 백내장 녹내장인 사람, 목이 뻣뻣하고 어깨가 뭉치는 사람, 팔이나 손이 저리는 사람, 깊은 잠을 못 자고 꿈자리가 어지러운 사람, 생각이 많은 사람은 절을 하십시오. 숨이 차고 기침이 나는 사람, 갑상선으로 고생하는 사람, 가슴이 답답하고 불안한 사람, 쉽게 흥분하고 화 잘 내는 사람, 가슴이 옥죄이듯 답답하고 통증이 있는 사람은 절을 하십시오. 뚱뚱한 사람, 야윈 사람, 많이 먹는 사람, 적게 먹는 사람, 더부룩하고 소화가 되지 않는 사람, 속이 쓰린 사람, 당뇨나 고지혈증, 고혈압 같은 성인병으로 고생하는 사람은 절을 하십시오. 대소변이 불편한 사람, 아랫배가 차고 하체가 부실한 사람, 잘 붓고 허리가 아픈 사람, 피곤하고 힘이 없는 사람, 오장육부에 이상이 있는 사람은 절을 하십시오. 목디스크, 허리디스크, 사지 무력증, 파킨슨병으로 고생하는 사람은 절을 하십시오. 암, 치매, 중풍, 골다공증 등으로 고생하거나 걱정이 되는 사람, 검사 결과가 겁이 나서 병원 가기가 두려운 사람은 절을 해야 합니다.

죽는 날까지 내 수발 내가 하다가 가고 싶은 사람은 절을 하십시오. 좀 더 비우고 좀 더 겸손하고 좀 더 안정적이고 좀 더 고요하고 좀 더 여유로운 마음을 원하는 사람, 건강하긴 하나 건강 그 이상을 추구하는 사람은 절을 하십시오.

절의 효과

중국 기공에서 시작하여 태극권, 우리나라 수련 단체들을 돌며 몸에 좋은 많은 동작을 접할 기회가 있었습니다. 약간의 기감이 있어서 어떤 동작이 몸이나 장부의 어느 부위에 어떻게 작용하는지 알 수 있었습니다. 몸에 좋은 운동은 수백 가지가 넘습니다. 이 많은 운동을 다 할 수는 없기에 하나를 골라야 했습니다. 누구나 따라 할 수 있고 꾸준하게 하면 건강 걱정은 안 해도 되는 단 하나의 운동, 절이었습니다.

절이란?

- **온몸운동** : 손끝, 발끝까지 온몸의 기와 혈에 활력을 일으키는 온몸운동입니다.

- **효율적인 운동** : 111배를 하는데 20분 내외가 걸립니다. 건강한 사람이 건강관리를 위해 하루에 할 수 있는 양으로 적당합니다. 20분 정도의 운동으로 온몸의 기혈을 돌리고 근골을 강화할 수 있습니다.

- **내공, 외공** : 몸은 마음대로 움직여 강화할 수 있는 부분과 스스로의 법칙으로 자율적으로 돌아가는 부분이 있습니다. 마음대로 움직여 강화할 수 있는 부분을 강화하는 운동을 외공, 스스로 돌아가는 영역을 강화하는 운동을 내공이라 합니다. 절은 내공과 외공을 겸한 운동입니다. 절을 하면 근육과 뼈가 튼튼해지고 내장의 기능도 좋아집니다.

- **좌우, 상하의 균형 운동** : 몸은 대부분 좌우가 틀어져 불균형 상태입니다. 불균형은 병의 원인이 됩니다. 목디스크, 허리디스크,

골반, 팔다리 이상 등은 근골격으로 인한 병뿐만 아니라 내장 기능에도 부정적인 영향을 줍니다.

좌우의 불균형보다 심각한 것이 상하의 불균형입니다. 사람들 대부분은 대맥과 횡격막 부위가 막혀 있어서 몸의 상하 소통이 원활하지 않습니다. 이로 인해 더운 기운이 위로, 찬 기운은 아래로 몰리는 현상이 일어납니다. 한 몸인데 위아래가 다른 환경이 됩니다. 이것이 병의 가장 큰 원인이 됩니다. 절을 하면 좌우뿐만 아니라 상하의 불균형을 바로잡을 수 있습니다.

- **자연치유력, 자율조절기능 향상** : 병은 불균형, 부조화에서 옵니다. 절은 좌우, 상하 불균형과 부조화를 잡아줌으로써 자연치유력과 자율조절기능을 높여줍니다.

- **수승화강** : 몸은 물의 기운과 불의 기운이 균형과 조화를 이루어야 건강합니다. 물의 기운은 허리에 있는 콩팥에서 관장합니다. 그냥 두면 물의 성질이 그러하듯 아래로 처집니다. 불의 기운은 가슴에 있는 심장에서 관장합니다. 그냥 두면 불의 성질이 그러하듯 위로 타 오릅니다.

  우리 몸은 신비롭게도 콩팥의 물기운이 위로 오르고 심장의 불기운이 아래로 내려가 균형과 조화를 이루도록 설계되었습니다. 설계된 대로 돌아가면 머리는 시원하고 아랫배는 따뜻하며 다리에 힘이 있고 온몸에 활력이 생깁니다. 절이 위아래 소통을 원활하게 하여 수승화강을 돕습니다.

- **몸을 정화** : 기감이 있는 사람은 절을 10번 이상 하면 덥고 탁한 기운이 머리로 온몸으로 빠져나가는 것을 느낄 수 있습니다. 기감이 없더라도 절을 계속하면 탁한 것들이 빠진다는 것을 알 수 있습니다. 역하고 누린내 같은 냄새가 심하게 납니다. 몸속에서

빠져나온 것들입니다. 절을 하면 이런 나쁜 것들이 빠지고 맑은 기운이 몸을 채우게 됩니다. 몸을 정화시키게 됩니다.

- **기운의 중심을 잡아주는 운동** : 사람들 대부분은 기운의 중심이 상체에 있습니다. 몸이 약하거나 나이가 들면 이 정도가 심화됩니다. 이것이 만병의 원인이라 할 수 있습니다. 절 운동으로 기운의 중심을 배꼽 아래로 내릴 수 있습니다. 기운의 중심이 아래에 잡혀야 건강합니다.

- **난치병, 불치병 극복** : 마음이 떠 있고 기운이 떠 있는 것이 병의 원인입니다. 기운을 내리고 마음을 내려 몸과 마음의 중심을 잡으면 어떤 병도 극복할 수 있습니다. 절이 이를 가능하게 합니다.

- **부작용 없는 단전호흡** : 단전은 하늘의 기운과 소통하는, 사람만이 가지고 있는 귀한 장치입니다. 하단전, 중단전, 상단전 등 3개의 내단전이 있고 양손, 양발에 1개씩 4개의 외단전이 있습니다. 하늘의 기운이 하단전까지 내려가야 이 단전들이 가동됩니다. 단전호흡은 하단전까지 기운이 내려갈 수 있도록 돕는 호흡을 말합니다. 그런데 이것이 쉽지 않습니다. 대맥과 횡격막 부위가 막혀 있기 때문입니다. 이들이 막혀 있는 상태에서 무리하게 단전호흡을 하면 부작용이 생깁니다. 절은 기운의 중심을 배꼽 아래로 내려 부작용 없이 단전호흡을 할 수 있습니다.

- **마음수련** : 사람들 대부분은 병이 있거나 미병 상태인데 이것은 기운의 중심이 위로 떠 있기 때문입니다. 기운의 중심이 떠 있다는 것은 마음이 떠 있는 것과 깊은 관련이 있습니다. 병이나 미병 상태라는 것은 마음이 떠 있다는 것을 의미합니다. 마음이 떠 있으면 마음공부가 잘 되지 않습니다. 놓고 버리고 비우고 받아들이기가 되지 않습니다. 하심이 되지 않습니다. 기운의 중심을 내

> 리는 절이 하심과 마음의 평화를 찾는 데 도움이 됩니다.

절하는 법

단전호흡이 되는 절을 연구하다가 법왕정사 청견스님의 절하는 법을 알게 되었습니다. 스님이 일상적으로 절을 만 배를 하면서도 건강하다는 것은 절을 올바른 방법으로 하기 때문이라고 생각했습니다.

절을 수행의 주요 방편으로 삼는 스님이 숫자는 정확하지 않지만 가령 100만 배를 목표로 절을 하는 중에 98만 배 정도 될 무렵부터 절이 너무 하기 싫었는데, 그래도 참고 계속했더니 어느 순간 절이 저절로 되었다고 했습니다.

다음을 참고하면 도움이 됩니다. 절을 익히는 순서대로 설명합니다.

- **준비** : 절을 시작하기 전에 팔 어깨, 목, 발목, 무릎, 허리 등을 가볍게 풀어주는 것이 좋습니다.

- **반절** : 바른 동작이 중요합니다. 앉아서 하는 반절을 반복하며 손 짚는 위치, 접족례, 발 모양, 몸통이 나가고 들어오는 것을 익힙니다.

- **감사!** : 접족례 시 양손이 정점에 이르면 손목을 바깥쪽으로 꺾으며 경의의 대상에게 마음으로 '감사!'라고 말하며 감사하는 마음을 전합니다. 손바닥에 장심이라고도 하는 노궁혈이 있습니다. 감사하는 마음으로 손목을 꺾으면 손바닥에 있는 노궁혈이 열려 기운이 들어와 가슴을 열어줍니다.

- **호흡** : 반절이 익숙해지면 호흡을 익힙니다. 날숨만 익히면 됩니다. 날숨은 접족례 시 내려가는 얼굴과 올라가는 손이 귀 부근에서 교차할 때 시작하여, 일어서기 직전 상체를 세워 앉아 합장할 때까지 입으로 내쉬면 됩니다.

- **가슴 풀기** : 호흡의 핵심은 들숨은 신경 쓰지 않고 날숨만 바르게 하는 것입니다. 호흡을 익히는 도중에 숨이 차면 잠시 멈추고 심호흡을 하여 가슴을 풀고 계속합니다.

- **반복 연습** : 호흡과 동작이 일치할 때까지 반절을 반복합니다.

- **일어서기** : 날숨이 끝나는 동시에 일어섭니다. 엎드렸다가 앉고 일어서는 동작이 물 흐르듯이 리듬을 타고 이어져야 무릎에 무리가 가지 않습니다. 발가락이 많이 꺾일수록 힘이 적게 들고 발끝 힘으로 일어날 수 있습니다.

- **사랑!** : 일어설 때 발가락, 발바닥, 발뒤꿈치, 종아리, 허벅지, 항문으로 의식을 동작의 흐름에 맞춰 이동합니다. 일어서서 몸이

정점에 이를 때 '사랑!'이라 마음으로 말합니다. 이 순간 중심이 회음에 잡히며 기운이 갈무리됩니다.

- **합장** : 다섯 손가락에 힘을 빼고 가지런히 붙여서 합장합니다. 엄지손가락 아래쪽의 어제혈 부위가 중단전에 닿을 듯 말 듯 하게 하고 팔꿈치는 옆구리에 가볍게 댑니다.

- **내려가기** : 방석에 무릎이 닿을 때까지 합장을 한 채 상체를 세우고 무릎을 붙인 채 내려갑니다. 손, 팔, 어깨 등 온몸의 힘을 빼서 아랫배에 기운이 오롯이 모이도록 내려가는 것이 중요합니다.

- **발뒤꿈치** : 엄지발가락은 붙이고 발뒤꿈치를 들어 부채살 모양으로 벌리면 무릎을 붙인 채 내려갈 수 있을 뿐만 아니라 새끼발가락을 자극할 수 있어서 절의 효과를 높입니다.

- **들숨** : 일어섰다가 앉을 때까지 숨을 두 번 들이마시지만 들숨은 신경 쓰지 않아도 됩니다. 날숨이 정확하고 동작이 익으면 들숨은 저절로 됩니다. 절을 하는 도중에 가슴이 답답하면 잠시 멈추고 심호흡을 하여 가슴을 풀고 계속합니다.

접족례

접족례는 양 무릎, 팔꿈치, 머리를 바닥에 대고 절 받을 사람의 발을 양손으로 받들어 자기 머리에 대는 최고의 경의를 나타내는 인도의 예법에서 유래하였습니다.

내 머리 위, 양손에 발을 올려놓을 경의의 대상이 누구냐는 생각해

볼 일입니다. 부처님을 믿고 따르는 사람은 부처님이 될 수 있고 예수님을 믿고 받드는 사람은 예수님일 수 있습니다. 그럼 부처님, 예수님은 누구의 발을 올려놓았을까요? 부처님, 예수님이 다가가고자 한 대상은 바로 하늘입니다. 그리고 그 하늘을 그대로 닮은 나의 본성, 나의 영, 나입니다. 여러분은 그 하늘이 깃든 나를 양손에 올려놓기를 권합니다.

절하는 횟수

서서히 달구어진 쇠가 더욱 쇠답고 단단하다고 합니다. 처음부터 무리하지 않기를 바랍니다. 반절에서 시작하여 온절까지 기본 동작들이 어느 정도 익혀지면 드디어 절을 합니다. 첫날은 11배를 합니다. 11배를 3일간 하고, 다음은 33배를 3일간 합니다. 그다음은 66배를 3일간하고 난 후 111배를 합니다.

절을 하면 처음에는 아픈 곳이 여기저기 생길 수 있습니다. 발가락, 발바닥, 발등뿐만 아니라 발목, 종아리, 무릎, 고관절, 허리가 아플 수 있습니다. 이럴 땐 동작에 무리가 없는지 살피고 기본을 바로잡아 웬만하면 계속합니다. 심하게 아프면 쉬어야 합니다. 절을 하는 중에 갑자기 어지럽거나 가슴이 아주 답답하면 잠시 멈추고 심호흡을 한 후 족삼리혈(다리), 곡지혈(팔), 백회혈(머리)에 뜸을 뜨고 안정을 취합니다.

111배를 한 달 정도 하면 절이 익숙해집니다. 호흡과 동작이 어느 정도 맞습니다. 20분 내외의 시간이 걸리면 절이 어느 정도 익었다고 할 수 있습니다. 건강한 사람이 건강관리가 목적이라면 하루에 111배를 계속하면 됩니다. 병을 극복하거나 건강 그 이상을 원하면 333배를 합니다.

1시간 내외면 333배를 할 수 있습니다. 3일 하면 천 배, 한 달이면 만 배. 만 배를 1년 이상 하면 많은 병이 극복되고 5년 이상 하면 건강 부자가 됩니다. 하루에 1천 배나 3천 배를 일삼는 사람들이 있습니다. 의미는 있으나 적극적으로 권하지는 않습니다. 아프거나 건강 그 이상을 추구하는 사람도 일상으로 반복하기에 무리가 없는 하루 333배가 적당합니다.

와공

발이나 발목, 무릎이 아파 절을 할 수 없으면 누워서 하는 와공이 대안이 될 수 있습니다. 누워서 팔과 다리를 들고 손목과 발목을 꺾으면 손발에 있는 외단전 4개가 열려 하늘 기운을 받습니다. 그러면 가슴과 허리의 기혈 순환이 왕성하게 일어납니다. 기운의 중심이 아랫배에 잡히고 허리, 골반, 고관절, 무릎, 발 등의 흐름이 좋아져 허리 이하가 다시 만들어집니다.

사람에 따라 다르기는 하나 처음에는 10분 있기가 힘듭니다. 힘이 들어 팔다리가 떨릴 때까지 있습니다. 매일 와공을 합니다. 일주일 중 하루는 한계에 도전해봅니다. 다리 위에 지구를 올려놓은 듯한 무게를 느끼고 발뒤꿈치가 바닥에 닿기 직전까지 버팁니다. 다음에는 다시 팔다리가 떨릴 정도까지 하고 일주일 중 하루는 한계에 도전하는 것을 반복합니다.

이러다 보면 와공 자세로 팔다리를 들고 있는 시간이 조금씩 늘어납니다. 15분 정도까지 늘어나면 아랫배까지 심호흡하며 와공을 합니다. 30분 이상 가능해지고, 다리의 무게를 전혀 느끼지 못하는 순간이 올 수 있습니다. 걸을 때나 계단을 오를 때 느끼는 몸의 가벼움은 상상 이상입니다. 허리 이하가 다시 만들어진 기분을 느낍니다. 이렇게 하여 절을 하지 못하는 이유가 완화되거나 없어지면 절을 하면 됩니다.

와공을 하는 경우 준비운동을 하는 것이 좋습니다. 준비운동으로는 베개운동이 좋습니다. 와공을 하고 나서는 정리운동으로 발끝 부딪치기를 합니다.

매일 운동하기가 지겹고 귀찮을 수 있습니다. 처음에는 그렇습니다. 하다 보면 몸에 익어 하기 쉬워지고 습관이 되면 하지 않는 것이 불편할 때가 옵니다. 몸이 조금씩 가벼워지고 마음이 편안해져 이렇게 계속하면 건강 걱정은 안 해도 되겠다는 안도감과 기쁨은 단순한 운동을 땀 흘려 반복하는 사람만이 느낄 수 있는 행복입니다.

중병에 걸려 다른 사람의 손에 끌려 다니면서 내 몸을 위해 할 수 있는 일이 없어서 불안했던 적이 있습니까? 치료가 어렵다는 이야기를 듣고 절망했던 적이 있습니까? 절을 할 수 있다는 것에 감사하십시오. 절은 나의 건강을 보증해주는 확실한 보험입니다. 지겹고 성가신, 그래도 해야만 하는 일을 해내는 사람이 다른 일도 해낼 수 있습니다. 뭔가를 이뤄내거나 성공하는 사람들은 꼭 그렇게 합니다.

명상

명상의 원리1 : 유위와 무위

몸은 단순한 몸이 아니고, 마음의 거울이며 삶과 우주의 원리가 녹아있는 곳입니다. 삶과 우주의 원리를 읽을 수 있는 교과서입니다. 몸은 뜻대로 움직일 수 있는 부분이 있고 뜻대로 움직일 수 없는 부분이 있습니다. 팔다리, 목과 같이 근육과 관절들로 구성된 부분들은 마음대로 움직일 수 있습니다. 반면에 간이나 심장이나 위장 등 내장이나 소화액이나 호르몬 효소 등 생명에 직접 관련이 있는 장기나 기능들은 마음대로 움직일 수 없습니다. 내 몸인데 내 마음대로 움직일 수 없고, 뜻대로 안 되는 부분이 훨씬 많습니다. 게다가 생명과 직결되는 중요한 부위나 기능들은 손도 대지 못하게 되어 있습니다.

　이러한 몸의 원리는 삶의 중요한 것들은 마음대로 할 수 있는 영역이 아니며 그런 부분의 비중이 훨씬 높다는 것을 알려줍니다. 이런 몸 원리는 몸만의 원리가 아닙니다. 삶과 우주의 원리이기도 합니다. 뜻을 세워 노력해야 하는 유위의 영역은 극히 일부이며 보다 중요한 대부분은 흐름에 맡겨 바라봐야 하는 무위의 영역이라는 것을 받아들여야 합니다.

　명상에는 이러한 유위와 무위의 원리가 녹아있습니다. 유위에서 무위로 깨어나는 것이 명상입니다. 명상은 얕은 나에서 깊은 나로 깨어나는 것이기도 합니다. 유위는 뜻을 가지고 노력하는 것이고 무위는 흐름에 맡기는 것입니다. 유위는 얕은 내가 핸들을 잡는 것이고 무위는 깊은 내가 핸들을 잡는 것이지요. 삶에서 노력해서 되는 일이 있고 아무리 노력해도 되지 않는 일이 있는데, 그 비율은 얼마나 될까요?

　생활명상으로 이어지면 유위의 영역은 더 줄어듭니다. 우리는 지난날을 반복하며 살고 있습니다. 미래의 불안도 과거의 투영입니다. 생활에서 일어나는 수많은 생각과 감정들은 모두 과거를 기반으로 합니다. 그래서 우리는 늘 과거를 사는 것과 다름없습니다. 이것은 에고의 영역이고 얕은 나로 사는 것이며 유위입니다. 부정적인 생각들과 감정이 떠오르면 알아차리고 그것을 바라보아야觀 합니다. 이해하고 수용하는 것만으로도 흘러갑니다. 그렇게 반복합니다. 그러면 무위의 영역이 확장되고 내 안의 내가 깨어나게 됩니다. 내 안의 내가 핸들을 잡게 됩니다. 고요하고 평온하고 풍요로운 그곳으로 가게 됩니다.

    태어나 현상계에 노출되면 얕은 눈, 얕은 머리가 작동합니다. 에고가 형성됩니다. 원래 자리에서 이탈하게 됩니다. 하늘과 우주와 세상으로부터 분리됩니다. 분리불안이 생깁니다. 깊은 나는 잠재되고 얕은 내가 핸들을 잡게 됩니다. 이제 나 홀로 살아야 합니다. 귀속감도 풍요도 평온도 멀어집니다. 결핍의 상태가 됩니다. 몸소 지켜야 하며 직접 챙겨야 하며 스스로 살아내야 합니다. 세상은 정글이며 홀로 외롭게 방향을 찾아 떠다녀야 하는 망망대해입니다. 생존을 위해 안정을 위해 일체감을 위해 그 이상의 나를 위해 몸부림칩니다. 에고의 이런 모든 노력은 유위입니다. 유위가 강화될수록 본래 자리에서 멀어집니다. 결핍을 결코 채울 수 없습니다. 그래서 사람들은 늘 빈 가슴을 안고 살아가게 됩니다.

    하늘과 우주는 하나의 유기체처럼 균형과 조화를 이루며 충만한 상태로 연결되어 작동합니다. 에고로 인한 이탈은 반칙이고 예외이며 불균형이고 부조화이며 불완전하고 불편한 상태입니다. 여기에 정상으로 복원하여 대열에 합류시키려는 흐름이 작용합니다. 사람의 내면에도 에고 이전의 충만한 본래 자리를 기억하는 깊은 내가 있습니다. 내가 빛이고 사랑이고 하늘임을 알고 있습니다. 그래서 사람이라면 누구나 본래 자리를 그리워하고 그 자리로 돌아가려는 내면의 열망이 있습니다. 이 하늘의 의도와 사람 내면의 열망에 순응하는 것이 무위입니다.

유위는 에고의 분리불안과 결핍에서 비롯됩니다. 조건반사적이고 피동적이며 수동적입니다. 무위는 에고의 오류에서 벗어나는 것입니다. 선택적이고 주도적이며 능동적입니다. 유위는 얕은 나의 영역이고 무위는 깊은 나의 영역입니다. 유위는 과거나 미래의 영역이고 무위는 현재의 영역입니다.

유위 : 얕은 눈, 얕은 머리, 얕은 나 / 장님, 바보 나, 지능 200 미만 / 근육, 관절 등 / 생각, 감정 / 과거, 미래 / 에고 / 단절된 존재, 분리불안, 결핍, 불만 / 원심력 / 불완전 / 나

무위 : 깊은 눈, 깊은 머리, 깊은 나 / 눈뜬 나, 지능 2,000 이상 /내장, 호르몬, 효소, 기감 등 / 사랑, 감사, 관조 / 현재 / 참나 / 연결된 존재, 소속감, 충족감, 고요, 평안, 기쁨 / 구심력 / 완전 / 하늘

유위와 무위의 원리는 삶의 전반에 그대로 적용됩니다. 시험을 보는데 자꾸 떨어지면, 내가 할 수 없는 일이거나 하지 말아야 할 일일 수도 있습니다. 건강을 위해서는 무엇이든 하려는 사람들이 있는데, 생명과 직결되는 중요한 부위나 기능들은 신중해야 합니다. 수련 중에 특별한 기구나 기법을 동원하여 기운을 돌리고 인위적으로 빨리 가려고 시도하는 사람들이 있습니다. 이렇게 하면 효과가 일시적이거나 부작용이 올 수 있습니다. 마음공부 하는 사람 중에 바라고 구하고 의지하는 사람들이 많습니다. 밖에서 찾는 어떠한 시도도 성공할 수 없습니다. 오히려 화를 부르지요. 해서 되는 일이 있고 해서는 안 되는 일이 있습니다.

우리는 하늘과 우주의 일원으로 존재합니다. 그 자리가 나의 자리이며 그 자리가 하늘입니다. 그 자리에 앉은 내가 하늘이지요. 하늘과 우주와 세상과 내가 하나라는 일체감을 느낍니다. 더 이상 바랄 것 없이 풍요롭습니다. 고요하고 평온하며, 그 자체가 사랑이며, 깊은 눈 깊은 머리를 가진 깊은 나로 존재하게 됩니다.

현재는 선물입니다. "지금 여기 이 순간을 살아라. 내 안의 내가 깨어나게 하라." 이것이 무위이며 명상은 바로 이 무위의 영역을 일깨우는 것입니다.

명상의 원리2 : 하늘 향해 마음열기

앞서도 말했듯이 사람은 얕은 눈만이 아니라 깊은 눈을 가지고 있습니다. 얕은 머리만이 아니라 깊은 머리도 있습니다. 보통 사람의 지능은 200 미만이지만 깊은 머리의 지능은 2,000이상이 될 수도 있습니다. 여기서 말하는 명상은 깊은 눈, 깊은 머리, 2,000의 영역을 활성화하는 수련법입니다. 눈을 감고 오감의 작용을 낮추거나 멈추고 생각과 마음을 텅 비우고 지긋이 허공을 바라봅니다. 마음을 열어 몸을 열고, 몸을 열어 마음을 여는 명상입니다.

우리 몸은 뼈와 근육 등 마음대로 움직일 수 있는 부분과 뇌나 내장 등 마음대로 움직일 수 없는 부분으로 되어 있습니다. 마음대로 움직일 수 없는 부분들이 우리 몸의 뿌리입니다. 우주가 음양오행의 원리에 의해 균형과 조화를 이루며 돌아가듯이 우리 오장육부도 우주의 원리에 의해 스스로 작동합니다.

그런데 우주의 원리에 의해 스스로 작동하는 내 몸은 왜 이렇게 불완전할까요? 마음에 여러 가지 장애물들이 있기 때문입니다. 잡다한 생각들은 뇌를 경직시키고, 근심 걱정은 비장을 힘들게 합니다. 분노는 간을 뒤집고, 공포는 머릿속 가장 깊은 곳의 간뇌와 몸의 건전지 역할을 하는 콩팥을 위축시킵니다. 욕심은 심장을 욕보입니다.

요컨대 마음에 가라앉아있는 부정적인 것들이 부드럽고 가볍게 작동해야 하는 하늘이 갖추어 준 완벽한 수레를 커다란 바위처럼 짓누르는 것입니다. 부정적인 것들은 하늘과 멀어지는 선택을 한 결과물입니다. 하늘과 가까워지겠다는 결심을 하고 하늘을 향해 마음의 문을 열어야 합니다. 그런 다음 마음을 짓누르는 부정적인 바위들을 하나하나 내려놓아야 합니다. 버릴 것은 버리고 어쩔 수 없는 것은 받아들이며 할 수 없는 것은 내려놓는 마음의 구조 조정을 해야 합니다.

밝은 쪽으로 마음을 향하고, 마음을 열어야 합니다. 마음이 밝고 가벼워지면 몸도 가벼워집니다. 이것이 마음을 열어 몸을 여는 과정이며, 이렇게 하면 균형과 조화를 이루며 돌아가도록 설계된 본 모습을 회복하는 데 도움이 됩니다. 몸이 열리고 열리면 단전이 가동됩니다. 단전은 하복부에 있습니다. 하늘이 인간에게만 준 귀한 선물이지요.

이 하단전이 열려 중단전, 상단전을 자극하고 상중하 단전이 상호 작용하여 점점 커지며 또렷하게 자리 잡게 됩니다. 없었던 것이 새로 만들어지는 것이 아니라, 제대로 가동되지 않고 있었던 것이 잠에서 깨어나듯 제 모습을 회복하는 것입니다. 단전이 깨어나서 자리를 잡고 커지며 열려가는 과정에서 기경팔맥을 비롯해 모든 혈(12경락)이 열리고 80조가 넘는 세포들이 차례로 열립니다. 그리고 이 과정은 반복됩니다. 상중하 단전의 크기와 기경팔맥, 혈, 세포들의 열린 정도를 보면 도의 깊이를 알 수 있습니다.

명상의 방법

- 몸과 마음을 이완해야 한다. 몸을 충분히 푼다. 베개운동으로 몸을 준비한다. 생각을 정리하고 많은 것을 내려놓아 마음을 정리한다.

- 눈을 감고 심호흡을 한다. 앉은 자세로 숨을 아랫배까지 들이쉬었다가 후~하며 입술로 내뱉기를 3번 반복한다.

- 가부좌, 반가부좌 자세로 양손을 무릎 위에 놓고 손바닥이 하늘을 향하도록 한 후 다음 순서로 집중하면서 기운을 아래로 내린다. 머리-목-어깨-가슴-명치-배꼽-단전-엉덩이-허벅지-무릎-종아리-발바닥의 순서로 기운을 내리고, 이것을 3번 반복한다.

- 천태극* 안으로 들어간다. 기운을 공유할 사람이 있으면 천태극 안으로 초대한다. (천태극 안에 초대된 사람들은 또 다른 나이므로, 내가 명상을 하며 기운을 받으면 그들도 나와 하나되어 기운을 직접, 간접적으로 받습니다.)

- '하늘님 감사합니다.'라며 하늘님을 향한 마음의 문을 연다. 초대한 사람들이 있으면 '하늘님 감사합니다. 하늘님의 사랑을 이들

---

* 천태극에 관한 자세한 설명은 110쪽에서 보실 수 있습니다.

에게도 전합니다.'라고 하늘에 고한다.
- 간-심-비-폐-신 순으로 몸속을 살핀다.
- 천태극으로 된 기운의 구와 그 속에 앉아있는 자기의 모습을 느낀다.
- 몸이 지구만큼 커지고 점점 더 커져 우주만 해져서 우주와 내 몸이 하나가 된다.
- 천태극 안에 우주가 있고 그 우주와 합체가 된 내가 있다. 하늘과 우주와 내가 하나가 된다. 하늘의 사랑과 맑고 밝고 따뜻한 우주의 기운과 사랑과 감사하는 나의 마음이 이 공간을 채운다. 몸 세포 하나하나가 해체되어 별이 된다. 해체되지 않은 에고 덩어리들도 하나하나 정화되어 별이 된다.
- 코끝 앞, 깊은 허공을 지긋이 바라본다.
- 나와-몸, 마음-내가 앉아있는 이 공간에 '사랑합니다, 사랑합니다.'를 암송하며 명상을 이어간다.
- 미간을 펴고 얼굴의 긴장을 풀고 입꼬리를 살짝 올려 미소를 머금고 턱을 가볍게 당긴다.
- 10분이 되면 '하늘님 감사합니다.'를 마음으로 외며 심호흡 3번을 하고 몸을 부드럽게 풀어 마무리한다.
- 정리운동으로 발끝 부딪히기를 10분 정도 한다.

명상에 이어 기감수련을 더하면 더욱 좋습니다.

명상 시의 현상

- 무거운 것이 내리누르는 듯한 압력을 느낄 수 있다.(압력)
- 따뜻하거나 뜨거운 느낌이 들기도 한다.(열감)
- 스멀스멀 뭔가가 기어가는 듯하기도 하고 떨림이 일어나기도 하며 심한 진동이 올 수도 있다.(진동)
- 눈을 감고 있는데 부처나 예수, 사람, 동물, 사물 등의 형상이 나타나거나 스치고 지나가기도 한다.
- 기운이나 빛이 쏟아져 들어오기도 한다.

명상의 효과

- 몸이 정화되어 맑아지고 자율조절기능이 향상된다.
- 마음이 밝아지고 맑아지며 안정된다.
- 집중이 잘 되어 하는 일에 한계를 넘어갈 수도 있다.
- 하늘 기운을 받아 몸에 확산시키고 안착시키는 역할을 하는 것이 단전이다. 단전이 가동된다.
- 깊은 눈, 깊은 머리, 2,000 이상의 영역이 활성화된다.
- 상중하 단전이 열리고 영글어지면 깊은 눈이 살아나고 마음이 고요해져 내가 예전에 생각하던 존재 그 이상이라는 것을 알게 된다.
- 상단전이 열리고 목창까지 깨어나면 예전에 알지 못했던 많은

> 것들을 알게 된다. 사람의 혼이나 전생을 볼 수도 있다.

　코끝 앞 허공을 보는 것, 그것이 보는 것입니다. 명상 시 보고 있는 허공은 단순한 허공이 아닙니다. 깊은 눈이 떠지고, 깊은 머리가 활성화되고, 깊은 내가 깨어나는 지점입니다. 빛과 무한세계로 들어가는 문이지요. 하늘과 우주와 내가 하나로 만나는 바로 그 자리입니다. 그저 바라보며 그 자리에 앉아있는 나를 느끼면 됩니다.

　허공 속에서 뭔가가 보이면, 기뻐하십시오. 깊은 눈이 떠지는 과정입니다. 입에 침이 고이고 머리와 내장들이 요동치거나 기감이 올라가고 몸이 진동하거나 흔들리면 기뻐하십시오. 지금 깊은 머리가 활성화되며 내장운동을 하는 것입니다. 마음이 고요하고 편안해지면, 깊은 내가 깨어나는 중이니 기뻐하십시오.

> **명상할 때 주의점**
>
> - 몸, 마음을 충분히 풀고 시작해야 효과적이다.
> - 진동이 주체할 수 없을 정도로 심하여 부담스러우면 명상을 풀고 심호흡하여 정리한다.
> - 잡념, 생각, 상상은 얕은 내가 끼어드는 것이다. 흘리고 지금 보고 있는 허공을 그저 응시하라.
> - 많은 상이 나타날 수 있다. 하나하나에 의미를 두지 마라. 흐르는 구름이나 바람처럼 무심히 흘려보내라.

명상하려고 눈을 감으면 허공이 보입니다. 지금 여기 현재에 머무는 상태이지요. 어제 일이 생각나고, 허공은 사라집니다. 얕은 내가 끼어듭니다. 알아차려 흘려보내고 다시 허공을 봅니다. 내일 일이 생각납니다. 허공은 사라집니다. 얕은 내가 또 끼어듭니다. 알아차리고 흘려보내고 다시 허공을 봅니다. 친구와 다퉜던 일이 생각나기도 합니다. 화도 일어납니다. 얕은 내가 끼어들어 에너지를 왕창 빼앗아 갑니다. 알아차리고 흘려보내고 다시 생각 없이 허공을 봅니다. 이렇게 반복하다 보면 얕은 내가 끼어드는 빈도수가 줄어들고 명상이 깊어집니다. 깊은 눈이 떠지고, 깊은 머리가 활성화되어 깊은 내가 깨어납니다. 무위의 영역이 확장되고 현재에 머무를 수 있습니다.

기통이 완성된 모습

명상으로 보았을 때 기통이 완성된 모습은 그림과 같습니다. 수련자의 하단전-중단전-상단전이 균형을 이루며 하늘동그라미가 머리 위에 떠오르고, 손끝 발끝까지 온몸이 빛으로 채워져서 몸에서 은은한 빛이 퍼져나가는 모습을 띠면 기통이 되었다고 말합니다. 여기서 빛은 기운이자 파동이고 정보이고 에너지입니다.

이 모습이 만들어지기까지는 우선 전생치유가 이루어지고, 둘째 기통 수련 과정을 통해 기경팔맥, 혈, 세포가 하나하나 열리고 순차적으로 온몸에 빛이 채워지면서 하단전-중단전-상단전-백회가 열리고, 머리 위에 하늘문이 떠올라야 합니다.

최고 높은 기통인 8차크라까지 열려 하늘과의 소통문인 하늘동그라미가 완성된 모습입니다.

천태극

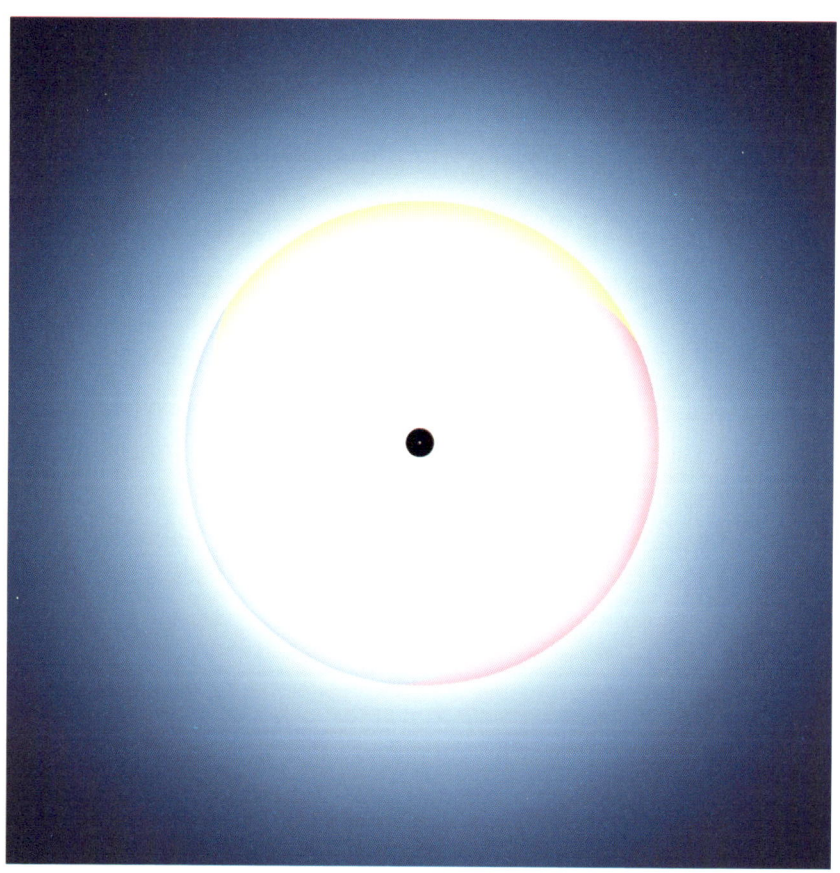

천태극은 하늘 기운 자체이며 우주정신이 흐르는 공간입니다. 우주정신이란 사랑을 말하며 발원지가 하늘입니다.

천태극은 기운의 구입니다. 수없이 다양한 하늘 기운을 내포하고 있으며 이들의 총화가 빛의 세 가지 색(빨강·노랑·파랑)으로 표현됩니다. 기운이 매우 강렬하므로 실제로 보면 빛으로 덮여 색이 거의 보이지 않을 정도입니다. 가장자리의 빨강, 노랑, 파랑은 반시계 방향으로 돌며 무한 확장을 하며 열어갑니다. 안쪽의 검은 점은 시계 방향으로 돌며 구심력 역할을 합니다.

천태극의 크기는 자유자재하여 세포 하나가 들어갈 만큼 작기도 하고 반대로 우주 전체가 들어갈 만큼 크기도 합니다. 천태극은 치유와 사랑의 에너지가 가득한 곳입니다. 천태극 안에 머무르는 것만으로도 몸과 마음, 내 주변이 정화됩니다. 밥 먹을 때, 일할 때, 쉴 때도 언제나 24시간 작용합니다. 일반적인 기공이나 영적 에너지를 접속하는 것보다 천태극 안에서의 기운이 강합니다. 막힌 기운을 뚫어주고 기혈이 자동 순환되게 해주며 닫힌 몸에서 열린 몸으로 전환 시켜주는 기초를 제공합니다. 기통이 되게 합니다. 천태극은 우주 기운과 다르며, 우주 기운은 땅의 기운으로서 지태극이 됩니다.

제4장

내 안의 깊은 내가 깨어난 삶

사람 속에는 하늘마음이 있습니다. 그 마음과 마음이 만날 때 공명이 일어납니다. 하늘까지 전해집니다. 갇혀서 쪼그라져 있던 하늘마음이 살아납니다. 나를 나로부터 빠져나오게 하는 힘이 생깁니다. 더욱 나다워지고 하늘 향해 마음의 문이 열립니다.

1. 하늘이 내 편인 삶

이 우주에 가장 높은 산이 있습니다. 그 산꼭대기에 앉아있는 이가 있습니다. 석가도 예수도 맑은 이라면 그 누구도 다가가고자 했던 유일한 존재, 하늘입니다. 절대자입니다. 그 자체가 질서이고 법이고 원리이고 모든 것입니다. 사랑입니다. 모든 존재의 뿌리입니다. 지향점이고 궁극의 목표입니다.

이 하늘이 내 편 되어주신다면? 걱정과 두려움이 없어지고 온 세상이 내 편이 되는 것을 느낍니다. 몸과 마음이 편해지고 하는 일이 잘 풀립니다. 어떻게 하면 이 하늘이 내 편이 되어주실까? 나에게, 세상에게, 하늘에게 좋은 사람이 되면 됩니다.

내가 하는 모든 행동과 행동으로 드러내지 않은 속마음까지 우주와 하늘에 소문이 다 납니다. 지난 만 년 이상의 세월을 살아오며 했던 행동이나 마음 씀씀이가 소문이 다 났을 뿐만 아니라 기록까지 되어 있습니다.

사람뿐만 아니라 우주 만물은 서로 연결되어있는 동창생들입니다. 풀잎이나 꽃들에게, 벌이나 나비, 새, 동물들에게, 바람이나 구름이나 공기에게, 흙이나 돌이나 흐르는 물에게, 나에게, 사람들에게, 하늘에게 나는 어떤 존재일까? 그들에게 비친 나의 모습이 그대로 반사되어 나를 감쌉니다. 나는 이 우주 동창생들에게 어떤 평판을 받고 있을까? 하늘은 내 모습을 어떻게 보고 있을까?

이기심을 기반으로 한 자기중심적인 삶은 지독한 함정입니다. 한번 빠지면 몇천 년간 빠져나오지 못합니다. 3천 년 전이나 천 년 전이나 지금이나, 다람쥐 쳇바퀴 돌 듯 그 자리에서 뱅글뱅글 돌며 비슷한 삶을 반복합니다.

앞에서 영, 혼, 백을 설명한 적이 있습니다. 편의상 영의 영역을 지능지수 20,000으로, 혼의 영역을 지능지수 2,000으로, 백의 영역을 지능지수 200으로 표현하겠습니다. 세상만사 돌아가는 원리는 2,000 그 이상의 영역입니다. 지능지수 200도 안 되는 머리로 굴리고 돌려도 뜻대로 되지 않는 일이 당연히 많습니다. 이로 인해 상처받은 200은 고작 한다는 짓이 성을 쌓아 스스로를 고립시키며 세상과 맞서는 것입니다.

세상살이 중 가장 위험한 짓이 스스로를 소외시키고 가두는 행위입니다. 하늘과 멀어지는 선택입니다. 성을 허물고 나와야 합니다. 내 속에서 빠져나와야 합니다. 세상과 한 편이 되어야 합니다. 우주 동창생들과 함께해야 합니다. 하늘 향해 다가가야 합니다.

어떻게 빠져나올까요?

가장 효과적인 방법이 이타적 행위입니다. 나의 말이 누군가에게 위로가 되고, 나의 손길이 누군가에게 도움이 되고, 나의 노력이 누군가에게 희망이 되고 빛이 되어, 나로 인해 다른 이들이 좋아지고 행복해지고 살아난다면! 우주 공동체에 이바지하고 보탬이 되는 삶이 될 것입니다. 내 것을 주어 다른 이에게 도움이 되는 것을 보는 기쁨은 누군가를 딛고 취해서 가져올 때 느끼는 성취감이나 즐거움과는 차원이 다릅니다.

사람 속에는 하늘마음이 있습니다. 그 마음과 마음이 만날 때 공명이 일어납니다. 하늘까지 전해집니다. 갇혀서 쪼그라져 있던 하늘마음이 살아납니다. 나를 나로부터 빠져나오게 하는 힘이 생깁니다. 더욱 나다워지고 하늘 향해 마음의 문이 열립니다.

긴 세월 동안 하늘은 나를 짝사랑하였습니다. 하늘은 간도 쓸개도 없습니다. 수천 년간 망나니짓해도 반성하고 마음 열면 웃어 주십니다. 지금 서 있는 지점이 어디이든 방향을 틀어 다가가면 웃으며 받아주시는 바보입니다. 성을 허물고 세상과 한 편 되어 공동체에 헌신하는 노력을 하면 내 편이 되어주십니다. 한없이 자애로운 바보 하늘 편이 될 만하지 않습니까?

2. 사랑과 감사로 충만한 삶

하늘마음인 사랑

사랑은 하늘마음입니다. 사랑은 신비스러운 힘을 가지고 있습니다. 사랑은 망가진 것을 복원시킵니다. 망가진 몸과 마음에는 사랑이 필요합니다. 몸이 아프고 마음이 아픈 것은 몸과 마음에 때가 끼고 오염되었기 때문입니다. 사랑은 오염된 것을 정화합니다. 사랑은 불완전한 것을 완전한 것으로 만듭니다. 사랑은 물을 물의 최고단계인 육각수로 만듭니다.

사랑은 생명력을 끌어올립니다. 사랑은 하늘에서 발원합니다. 하늘이 이 세상을 어떻게 사랑하는가를 보면 사랑을 알 수 있습니다. 하늘은 모든 존재를 그 자체로 긍정하고, 존재 자체를 경이롭게 보고 존중합니다. 그 자체로 최선으로 여깁니다. 존재의 성장하고자 하는 열망을 압니다. 함부로 비교하거나 고치거나 하지 않습니다. 있는 그대로를 존중하고 응원하고 같은 편 되어주고 공감하고 기다려줍니다. 그러면서 관찰자가 아니고 뒤에서 기운상으로 받쳐줍니다.

하늘을 닮아 가고자 하는 것이 우리 먼 여행의 궁극적 지향점이라고 한다면 하늘을 닮아 간다는 것은 하늘의 사랑을 알아가는 것입니다. 하늘의 사랑을 내 가슴에 담는 것입니다. 그러니 우리도 하늘이 사랑하듯 사랑해야 하지 않을까요? 그렇다면 나는 지금까지 내 자식을 내 남편을 내 아내를 그런 식으로 사랑했던가? 비교하고 가르치고 고치려고 했던 것은 아닌가? 그게 사랑인가? 반성해 보아야 합니다.

모든 존재는 존재 자체를 그대로 인정하고 받아들이고 응원해 주고 같은 편 되어주는 하늘의 사랑에 익숙하고 길들어져 있습니다. 비교하고 평가하고 지적하고 가르치고 고치려고 하면 자기 존재가 부정당한다고 생각합니다. 방어할 수밖에 없습니다. 마치 적군이 쳐들어온 것처럼. 어린 아기도, 동물이나 식물도, 돌이나 바위 같은 사물도. 모든 존재는 비교하고 평가하고 가르치고 지적하면 그 자체를 부정하는 것입니다.

그 모습은 몇천 년, 몇만 년 지속되면서 최선을 다해 만들어진 모습입니다. 내 자식이 매일 게임만 하고 바깥으로 잘 안 나가고 학교 가서 잠만 자고 집에 와서 또 게임하고 밤낮이 바뀐 그 모습마저도 그가 살아온 수천 년 과정을 알고 그가 처한 상황을 종합적으로 볼 수 있다면 그것이 최선이라는 하늘의 시각에 동의하지 않을까요? 최선일 뿐 아니라 성장하기 위해 몸부림치고 있다는 것을 이해할 것입니다. 그런데 함부로 그렇지 않은 다른 사람과 비교하고 가르치고 고치려고 하는 것은 존재에 대한 결례이며 소외시키는 것이 아닐까요?

바람피우고 술 마시고 노름하는 남편이라도 그 사람은 그 순간에 최선을 다하는 것입니다. 그것을 통해 성장하려고 몸부림치고 있는 것입니다. 그런데 비교하고 지적하고 비난하면 그 사람의 처지에서는 존재의 부정이며, 적군이 쳐들어오는 것과 같습니다. 성장에 쓸 에너지가 적군 막는 데 쓰게 되어 성장의 기회를 잃게 됩니다. 그대로 인정하고 봐줄 수는 없는 것일까요? 그동안의 관심과 걱정과 간섭이 성공한 적이 있었던가요? 결과는 대부분의 경우 실패로 끝나며 이는 그것이 사랑이 아니라는 증거입니다. 지금 그 모습이 최선이라는 것을 이해한다면 그들이 잘못할 기회, 넘어질 기회, 넘어져 스스로 일어날 기회, 나쁜 짓 할 기회를 빼앗지는 않을 것입니다. 사랑은 신비한 것입니다. 기다려주고, 믿어주고, 그것이 최선임을 이해하고 그 또한 성장을 위한 몸부림이라는 것을 너그럽게 받아들이고 응원하고, 같은 편이 되어 눈을 맞춰줘 보시기 바랍니다.

그것이 하늘의 사랑입니다. 바가지도 긁고 잔소리도 하고 혼내기도 하십시오. 다만 예전의 사랑 대신 하늘이 하는 사랑을 하십시오. 사랑의 첫 번째 고객이 나 자신입니다. 나라는 생명체 또한 그 사랑을 절실히 필요로 합니다. 여러분은 여러분 자신을 사랑하고 있습니까? 수천수만 년을 살아온 과정 과정의 결정체인 나. 나는 60점짜리인 나를 제대로 받아들이고 응원하고 눈 맞추고 웃어주고 편들어주고 있습니까? 나라는 생명체의 주인은 나입니다. 주인으로부터 사랑받지 못하는 생명체는 주인에게서 버려진 논밭과 같습니다. 나를 사랑하지 않으면 여기저기 아픈 데가 많아지고, 사건 사고도 잘 일어납니다. 하는 일이 잘되지 않습니다. 요컨대 생명력이 떨어집니다. 지나치게 몰아세우고 제한하고 구속하고 스스로 벌주고 자학하고 자해해서는 안 됩니다. 자기비하와 혐오도 금물입니다.

 수많은 생을 거듭하며 최선을 다해서 살아온 나를 온전하게 받아들이고 사랑해야 합니다. 그러려면 나를 온전하게 바라볼 수 있어야 합니다. 거품 낀 나, 포장된 나, 너무 높인 나, 너무 낮춘 나 말고 진짜 알맹이인 나를 만나야 합니다. 솔직하고 용기가 있어야 합니다. 알맹이인 나를 만나보니 60점이 아니라 30점이라고 해도 그런 나를 안을 수 있어야 합니다. 하늘은 그런 나를 여전히 사랑하고 나를 편들어 주고 응원해 주고 있습니다. 내가 하늘의 뜻을 따른다는 것은 숙명입니다.

 우리가 살아가면서 길이 보이지 않을 때가 있습니다. 도무지 하는 일도 잘되지 않고 힘들고 애매할 때 스스로에게 물어보십시오. '나는 나를 아끼고 귀하게 여기고 존중하고 사랑하는가?' 그리고 어떤 선택을 하거나 갈림길에서 '정녕 나를 사랑하는 길이 어떤 것인가?' 물어서 그에 맞는 답을 찾아서 가면 그것이 내가 가야 할 길입니다. 사랑은 나의 본모습을 찾아가는 길입니다.

하늘에 대한 감흥인 감사

감사는 내 존재에 대한 각성에서 일어나는 하늘에 대한 감흥입니다. 우리 몸은 세상에서 가장 훌륭한 제약공장입니다. 이 공장이 정상적으로 돌아가면 몸이 필요로 하는 약을 다 만들 수 있습니다. 앞으로 1백 년, 1천 년이 흘러도 내 몸만큼 훌륭한 공장은 만들 수 없습니다. 내 안에는 세상에 그 어떤 의사보다 뛰어난 전담 주치의가 있어 24시간 나를 돌보고 있습니다. 이 의사가 방해받지 않는다면 내가 앓고 있는 병을 대부분 치료할 수 있습니다.

그런데도 우리는 의사나 약을 밖에서 구하고 있습니다. 밖에서 구하면 구해지지도 치료가 되지도 않습니다. 고혈압, 고지혈, 고콜레스테롤, 당뇨, 통풍 등은 그 자체로 병일 뿐만 아니라 피를 탁하게 하여 온몸을 오염시킵니다. 다른 모든 병이 마찬가지입니다. 밖에서 구하면 그 어떤 방법으로도 근본적인 치료가 되지 않습니다.

물론 현대 의학을 부정하거나 가볍게 생각하는 것이 아닙니다. 응급상황에 대처할 수 있는 장비나 경험들이 축적되어 있습니다. 근본적인 치료는 아니더라도 병을 관리하는 기술은 나날이 발전하고 있는 게 사실입니다. 이런 노력으로 평균수명이 늘어나고 환자들의 고통이 줄어들고 있습니다. 그런데 시간이 지나면 관리해야 할 질병의 가짓수가 늘어납니다. 그리고 언젠가는 감당하지 못하게 됩니다. 이것이 몸이나 건강과 관련한 우리들의 현재 모습입니다. 이런 방식으로는 근본적이고 체계적인 치료는 어렵습니다.

이 흐름에서 벗어나고, 근본적으로 병을 치료할 방법은 없는 걸까요? 있습니다. 앞서 말했듯이 내 안의 제약 공장이 정상적으로 가동되고 내 안의 의사가 살아나면 우리가 앓고 있는 대부분 병을 치료할 수 있습니다. 몸에 필요한 약과 의사는 내 안에 있습니다. 이러한 나의 존재에 대해서 각성하고 그것에 감사해야 합니다.

하늘에 대한 감사, 존재에 대한 각성에서 비롯되는 감사, 나는 빛이고 사랑이고 하늘임을 알게 됩니다. 하늘의 사랑에 대하여 온몸의 세포들도 춤을 춥니다. 더 이상 바랄 것도 감정의 요동도 없어집니다. 고요하고 평온하며 풍요롭게 됩니다. 그저 감사가 가능해집니다. 이것이 감사입니다.

감사하십시오. 그러면 감사할 일이 생기게 됩니다. 그저 감사함으로 하늘이 이미 내게 다 주었다는 것을 확인하는 삶을 살아야 합니다.

3. 도인의 삶

삶이란 나의 본 모습을 찾아가는 여행입니다. 나는 누구인가? 어디서 와서 어디로 가는가? 어떻게 가야 하는가? 이 물음들은 사람이라면 누구나 갖고 살아갑니다. 몇천 년 전에도 몇백 년 전에도 지금도 사람들은 길을 묻고 있습니다. 그래서 길을 묻고 길을 찾아 떠나는 우리는 모두 도인입니다.

만일 지금 힘이 든다면 그것은 등에 진 짐이 무겁거나 길을 잃었거나, 잃어버린 길을 눈으로 찾고 있는 경우일 것입니다. 길을 잃었는데 눈으로 찾고 있기에 힘이 드는 것이지요. 전 지구인이 수천 년간 찾지 못했다면 길을 찾는 방법을 달리해야 합니다. 마음으로 찾아야 합니다. 마음으로 찾아 좌표를 정하고 자동항법장치를 달 수 있으면 좋겠습니다.

부모·형제를 선택하고, 태어나고, 건강, 학교, 직장, 결혼, 승진, 보수, 재산, 인복, 퇴직, 죽음 등은 인생에서 매우 중요한 일들입니다. 이들이, 세상살이가 뜻대로 되지 않습니다. 보다 정확하게 말하면 뜻대로 되는 일도 있고 되지 않는 일도 있는데 되지 않는 일이 훨씬 더 많습니다. 내 인생에 중요한 것들이 나의 의지와 상관없이 주어지는 것이라는 생각을 지울 수 없습니다. 그렇다면 누가 그것을 주관하는 것일까요? 앞서 말했듯이 신과 하늘이 주관한다고 말할 수 있습니다. 신은 나의 혼이고 하늘은 나의 영을 가리킵니다.

나는 200의 '백'과 2,000의 '혼'과 20,000의 '영'으로 되어 있습니다. 현상계에서는 200의 백만 발현되고 2,000의 혼과 20,000의 영은 내 안의 나로 존재합니다. 나의 세상살이는 2,000의 혼과 20,000의 영이 설계한 작품입니다. 2,000 그 이상의 원리에 의해 돌아갑니다. 현상계에서 발현되는 인간의 머리는 200 미만이지요. 200 미만의 머리로 2,000 이상의 바다를 살아내기는 쉽지 않습니다.

그러면 어떻게 살아야 할까요? 현상계의 내 존재만이 아니라 내 안에 있는 나, 2,000의 혼과 20,000의 영으로 살아야 합니다. 내 안의 내가 깨어나면 2,000 그 이상의 세상도 살아낼 수 있습니다. 내 안의 나를 깨우는 방법은 앞서 말했듯이 전생치유와 기통입니다. 그것을 통해서 내 안의 하늘을 일깨우는 삶이 바로 도인의 삶입니다.

4. 깊은 내가 늘 깨어있기 위해서

전생치유를 하고 기통을 하고, 그것을 유지하는 삶이 도인의 삶이라고 했습니다. 도인의 삶을 유지하고 살아내기 위해서는, 내 안의 내가 늘 깨어있는 삶을 살아야 합니다. 그런 삶을 말하면 다음과 같습니다.

우선 좋은 사람이 되어야 합니다. 나의 눈으로, 다른 사람의 눈으로, 우주와 하늘의 눈으로 나를 지켜봐야 합니다. 나의 성을 허물고 공동체에 이바지하며 덕을 쌓는 사람이 좋은 사람입니다.

다음으로 하늘 방송국에 채널을 고정하고 자주 접속해야 합니다. 하늘과 친해지고, 하늘과 대화하고 하늘에 치대야 합니다. 하늘은 내게 관심이 많습니다. 몇천 년 전이나 몇백 년 전이나 지금이나, 슬플 때나 기쁠 때나 외로울 때나 항상 내 곁에서 나를 지켜보며 나를 짝사랑하고 있었습니다.

하늘은 내게 줄 것이 너무 많습니다. 나를 감싸고 있는 이 하늘과 우주는 허공이 아닙니다. 내 몸과 마음에 필요한 금은보석보다 더 값진 것들로 가득 차 있습니다. 몸 열고 마음 열면 폭포수처럼 쏟아져 들어올 귀한 것들이 수천 년 수만 년간 나를 기다리고 있습니다.

우리는 하늘과 대화하는 것이 익숙하지 않습니다. 하늘과 대화하는 가장 중요한 언어를 배우지 못했습니다. 하지만 늦은 것은 아닙니다. 지금부터 하나하나 익혀 나가면 됩니다. 대화하고 대화하십시오. 처음에는 아무런 응답이 없을 수도 있습니다. 응답이 없는 것이 아니라 내가 알아듣지 못하는 것입니다. 그래도 계속해야 합니다. 언젠가는 느낌으로 또 언젠가는 소리로 또 언젠가는 모습으로 하늘을 만날 수 있습니다.

그래도 이것이 어렵다면 나와 깊은 대화를 하면 됩니다. 나와의 깊은 대화가 하늘과의 대화로 연결됩니다. 왜냐하면 우리 마음에 하늘이 이미 들어와 있기 때문입니다. 하늘 쪽으로 좌표를 정하고 200은 놓고 놓아서 2,000이 핸들을 잡는 자동항법장치를 가동해서 가더라도 중요한 갈림길을 만날 수 있습니다.

하늘 향해 간다고 해서 바람 없고, 파도가 없지는 않을 것이지만, 그저 감사하며 기쁘게 받아들여야 합니다. 그것이 죽음이라 할지라도. 정녕 가고자 하는 쪽이 길이라면 내 앞에 닥쳐오는 파도는 치러야 할 최소치일 수도 있습니다.

이렇게 내 안의 내가 늘 깨어있게 되면, 우선 **마음이 편해집니다.** 바들바들 떨며 핸들을 잡았을 때를 떠올려 보면, 상상할 수 없었던 자유와 해방감을 느끼게 됩니다.

다음으로 **몸이 건강해집니다.** 몸은 마음의 거울입니다. 마음이 편해지면 당연히 몸이 건강해집니다. 그뿐 아니라 몸의 중요한 기능들은 2,000의 영역에 속하는데 이 2,000이 활성화되면서 몸속의 중요한 기능들이 살아나게 됩니다. 또한 **일이 저절로 됩니다.** 꼬여있던 일들이 풀리고 좋은 일이 일어나기도 합니다. 이는 먼저 길로 접어들었다는 의미입니다. 이 길은 가시덤불이나 바위들이 적고 걸어가기가 수월한 길입니다.

다음은 2,000의 역할입니다. 2,000은 200이 잠자는 동안에도 일을 합니다. 2,000이 살아나 왕성하게 활동하며 **좋은 일이 만들어지기도 합니다.** 그리고 **행복감을 느끼게 됩니다. 감사하는 마음이 저절로 생깁니다.**

나는 나에게 좋은 사람인가?

나는 나를 너무 못살게 굴지는 않는가?

나를 귀하게 대하고 사랑하는가?

나에게 나는 천 년이고 만 년이고 함께 할 영원한 동반자이다.

그에 걸맞은 대우를 하는가?

내 내면의 소리에 귀 기울이는가?

자유로운 내 영혼을 얼마나 존중하는가?

나의 영과 혼, 온몸의 세포들이 하늘을 향하고 있다.

하늘을 닮은 나의 본성을 회복하는 것보다 더 중요한 일이 이 세상에 달리 있는가?

200은 놓아라.

하늘을 알고 하늘을 향하는 내 안의 내가 살아나게 하라.

좌표를 확실하게 잡고 자동항법장치를 가동하며 내비게이션이 작동하게 하라.

그래서 내 안의 내가 항행하게 하라.

이것이 저절로 되는 삶이고

이것이 무위자연이며

이것이 도이다.

인간은 숙명적으로 길을 찾는 사람들이다.

이렇게 사는 삶이 도인의 삶이다.

부록 1

빙의와 천도

소위 '귀신 씌었다'라는 의미로 알려진 빙의憑依는, 이제 국어사전에도 올라가 있는 어떤 현상을 일컫는 말입니다. 비과학이라는 말로 실제로 있는 현상을 무시할 수도 없고, 무시해서도 안 됩니다. 빙의는 한 사람의 삶에 지대한 영향을 미치기 때문입니다. 전생치유의 과정에서도 빙의의 문제는 반드시 해결해야 하는 것입니다.

1. 빙의

빙의를 사전에서 찾아보면, 1. 다른 것에 몸이나 마음을 기댐 2. 영혼의 옮겨 붙음이라고 정의되어 있습니다. 그러나 빙의는 이러한 사전적 의미보다는 훨씬 넓은 의미를 지니고 있습니다. 형체가 없는 무엇에 의해 자신을 지탱할 수 없어서 남에게 기대고 의지하는 것이나 어떤 강한 힘에 지배되어 자기 생각과 의지대로 행동하지 못하고 다른 힘에 조종되어 비정상적으로 움직이는 현상을 가리키기도 합니다. 이 밖에도 공동묘지나 상갓집에 가거나 시체를 보거나 했을 때 느껴지는 음습한 기운, 음기나 귀기가 엄습하는 것 등 기운과 관련된 현상을 빙의라고 할 수 있습니다. 그 원인이 되는 것에는 다음과 같은 것이 있습니다.

- 혼, 수, 체, 무당알이나 만신, 내면아이, 악, 악마, 마음으로 만드는 귀신, 자살의 검은 연기, 위담

이들은 온전한 정신을 유지하는 데 방해가 됩니다. 사람에게 들어와서 생활하는 데 어려움을 주는 것들은 모두 제거 대상입니다. 전부 빙의의 범주에 넣고 살펴보겠습니다.

1) 증상

어느 시점부터 다음과 같은 증상이 갑작스럽게 나타나거나 심해진다면 빙의로 의심해볼 필요가 있습니다.

내가, 내가 아닌 것 같다.
내 속에 누가 있는 것 같다.
가위눌림이나 이상한 꿈을 자주 꾼다.
헛것이 보이거나 이상한 소리가 들린다.

때에 따라 전혀 다른 사람 같이 말하거나 행동한다.

폭력적이다.

불안과 공포를 잘 느낀다.

잘 운다. 죽고 싶어 한다. 자해한다.

몸이 무겁고, 무엇인가 덧씌워져 있는 것 같다.

하는 일마다 방해꾼이 있는 것 같다.

사람들 대부분은 이러한 증상을 한두 번쯤 경험합니다. 이 중 어떤 것도 경험하지 않은 온전하고 깔끔한 사람은 없을 것입니다. 사람 혼만 하더라도 보통 사람 속에 한두 명은 평균적으로 들어 있습니다. 특히 우울, 불안, 공포, 자폐, 불면, 학습장애, 가정폭력, 의부증, 의처증, 알콜 중독, 실패 반복, 악운 연속, 이상행동, 강박관념, 다중인격, 원인 모를 통증, 두통, 신내림, 무병, 정신 분열 등의 문제를 가진 사람들은 걷어내야 할 것이 많습니다. 이런 것들을 걷어내지 않고서는 치유가 제대로 되지 않습니다.

2) 빙의의 종류

- 혼: 사람이 죽어 몸에서 나와 하늘에 가지 못한 혼

- 수: 짐승의 혼

- 체: 그릇된 믿음이나 신념. 귀신보다 무서운 경우가 많다. 특히 종교인

들 속에 들어있는 것은 잘 보이지도 않고 빼내기가 어렵고 사람을 종속시키는 정도가 심하다.

- 만신: 신병을 유발하는 원인이다. 신병은 신이 내린 병이라는 의미로, 신내림을 받기 전에 겪는 신체적, 정신적 고통을 의미한다. 여기서 말하는 만신은 영적인 존재로서 무당이 아니고 다른 사람이나 동물의 혼도 아니며, 신념이 만든 의식체도 아닌 것이 사람의 의식을 장악하여 신병을 일으키는 다른 차원의 영적 존재이다.

- 내면아이: 전생 성장기에 큰 충격을 받아 그 나이에 정신적 성장을 멈추거나 더 어리게 퇴행하여 형성된 것. 몇천 년이 흘러도 영향을 미친다. 명상으로 사람 속을 들여다보면 어린아이가 웅크리고 앉아있다. 내면아이가 있는 사람은 나이에 맞지 않게 어린애 짓을 하는 경우가 있다. 여자보다 남자가 많은데 절반 이상의 남자들 속에 내면아이가 있다.

- 악, 악마: 부당하고 절망적인 상황에서 악마라도 끌어들이고 싶은 심정인 경우가 있다. 이 마음이 도를 넘으면 악이 생긴다. 악이 씨앗이 되어 자라면 악마가 된다. 악은 잠복해 있다가 결정적인 순간에 발동할 수 있으며 악마는 그 사람을 지배한다. 사람 중에 악마의 지배를 받는 사람이 있을 수 있다.

- 마음으로 만드는 귀신: 실체가 없는데도 귀신을 보거나 영향을 받는 경우가 있다. 매사를 신이나 조상 문제로 연결하다 보면 이런 경향을 띠게

된다. 무속인의 경우 이런 경향이 심하고 일반인도 잘못된 정보나 마음이 허할 때 이런 것을 경험하게 된다.

- 자살의 검은 연기: 우울증에 걸린 사람이 찾아오면 제일 먼저 확인하는 것이 이 검은 기운이다. 사람이 부정적이고 희망이 없어 죽고 싶어 하는 것이 도를 넘으면 검은 기운이 몰려온다. 몸 주변에 모이기 시작하여 점점 농도가 짙어지고 일정한 단계에 이르면 몸속으로 들어간다. 이 기운이 들어가면 자살해서 죽은 혼들이 2~3개 훌쩍 따라 들어간다. 이럴 경우 자살할 가능성이 매우 높아진다.

- 기타: 몸 속에 검은 모래나 가시 같은 것이나 분노와 공포, 집착 같은 부정적 감정의 에너지체가 빙의되는 것이다.

3) 빙의의 원인

빙의는 정신에 깃든 바이러스와 같습니다. 바이러스는 몸속에 잠복하거나 외부에서 대기하다가 몸이 균형을 잃어 면역체계가 무너질 때 발병합니다. 빙의도 바이러스 발병 과정과 유사합니다. 정신이 심하게 균형을 잃거나 충격을 받을 때 잠복해 있던 것이 활성화하거나 외부의 것들이 침범하여 문제를 일으킵니다. 몸속에 잠복해 있거나 외부에서 기회를 노리는 삿된 것들은 얼마든지 있습니다. 정신이 맑고 밝고 건강하면 문제가 되지 않습니다.

4) 빙의의 예방과 치유

〈혼 · 수 · 체〉

혼, 수, 체 등의 빙의는 그 자리에서 빼고 못 들어오게 보호막을 치면 됩니다. 빙의는 음이고 어둠입니다. 어둠에는 빛이 약입니다. 마음을 빛으로 채우는 노력을 해야 합니다.

- 빛: 고마움, 희망, 믿음, 사랑, 배려, 용서, 긍정, 따뜻함, 내 속에서 원인을 찾음, 열림 등.
- 어둠: 시기, 질투, 절망, 불신, 불안, 분노, 공포, 미움, 부정, 원망, 맹신, 집착, 차가움, 빙의, 접신, 신내림, 밖에서 원인을 찾음, 닫힘 등.

〈내면아이〉

내면아이는 심리학에도 있는 개념입니다. 다만 전생치유의 대상으로서의 내면아이는 몸속에 실제로 문제가 되는 아이의 형상이 존재하고 그 아이와 대화가 가능하며 그 뿌리가 대개 전생에 있고 그것을 명상으로 확인할 수 있으며 그 아이를 키울 수 있다는 것이 심리학에서 말하는 내면아이와 다릅니다.

내면아이는 수많은 생을 사는 중 성장기에 엄마를 잃어버리거나 죽음의 공포에 노출되는 등 극단적인 충격을 받거나 뭔가에 마음을 완전히 빼앗길 정도로 빠지면 그 나이에서 정신적 성장을 멈추거나 더 어린 나이로 퇴행하는 경우가 있는데, 그 흔적이 다음 생에도 내면아이 형태로 남게 됩니다.

다른 빙의보다 사람의 인성에 부정적인 영향을 더 많이 주는 내면아이는 그 사람의 정신적인 한 측면이기에 빼내면 되는 정도의 간단한 문제가 아닙니다. 치유와 교육을 통해 실제 나이에 맞게 성장시켜야 합니다. 웅크리고 있는 내면아이를 일으켜 세우고 멈춰진 사건의 기억들을 지우고 문제가 되는 지금의 나를 보여주고 자기 나이에 맞는 본 모습을 보여주면 쪼그라져 있던 몸이 붕붕 커지며 지금의 나이로 커집니다. 공이 많이 들어가고 시간도 걸립니다. 6살 꼬마가 본 나이인 60살로 수개월 내에 성장한다고 상상해 보십시오. 생각이 많아지고 혼란스러운 과정이 따르기도 합니다.

이럴 때 주변 사람들의 역할이 중요합니다. 아이가 성장하여 스무 살이 넘으면 그에 걸맞게 대접합니다. 내면아이 성장기에도 마찬가지입니다. 이전과 다른 눈으로 보아야 합니다. 어른 대접을 하고 존중해야 성장합니다.

내면아이가 실제 나이에 맞게 성장하여 어른이 되면 주변 사람이 알 수 있습니다. 행동이 달라지고 마음 씀씀이가 어른스러워집니다. 이해도 더 잘하고 배려하는 마음도 생기고 떼도 안 부립니다. 남편다워지고 가장으로서의 책임감 등이 보입니다. 갑자기 어른이 되다 보니 생각이 많아지고 예민해질 수도 있습니다. 자기 나이에 맞는 어른이 되는 것입니다.

남편이나 아내, 아들, 딸이 철이 없고 어린애 짓을 반복적으로 하면 기억하지 못하는 과거의 상처로 인하여 내면아이가 있을 확률이 높습니다. 어린애가 남편 노릇을 하고 어린애가 가장 노릇을 한다고 생각해 보십시오. 얼마나 힘들고 고달프겠습니까? 작은 일에도 고마워하며 칭찬하십시오. 어떤 아이가 어떤 형태로 있는지 정확히 몰라도 됩니다. 상처받아 성장이 멈춰버린 그 아이에게 속삭이세요. '미안해, 고마워, 사랑해.' 그러면 남편이나 아내, 아들, 딸 속에 있는 아이의 상처가 치유되고 성숙한 어른의 모습으로 회복될 것입니다. 혼, 수, 체 등과 달리 내면아이는 본인이나 가족의 노력으로 치유가 가능합니다.

〈죽은 사람이 자주 생각나는 경우〉

돌아가신 어머니가 꿈에 나타나 배고프다며 밥을 달라고 합니다. 비몽사몽간에 할머니가 집안 사정과 안부를 묻기도 합니다. 1년 전에 돌아가신 아버지가 밤마다 찾아와 많은 것들을 참견하며 미리 알려주기도 합니다.

죽은 사람이 간혹 한 번씩 생각이 나거나 꿈에 보이는 것은 자연스러운 일입니다. 기억의 잔상일 수도 있습니다. 정도가 심하여 죽은 사람 생각이 많이 나거나 꿈이나 비몽사몽 혹은 명상 중에 자주 나타나면 다음의 4가지 중 하나입니다.

① 하늘로 못 간 경우
② 하늘에 가서 파동을 보내는 경우
③ 마음으로 만들어 내는 경우
④ 만신이 죽은 사람 행세하는 경우

①과 ②는 죽은 사람과 관련이 있습니다. ③은 마음이 만드는 허상이고 ④는 만신의 장난입니다.

죽음은 혼이 하늘에 있는 영을 만나러 가는 과정입니다. 이별을 두 번 해야 합니다. 몸이 죽어 몸과의 이별, 많은 것을 내려놓아 이생에서 맺은 인연들과의 마음의 이별. 그래야 혼이 하늘로 갈 수 있습니다.

정든 것들과의 이별은 항상 아픕니다. 몸과의 이별은 어렵지 않습니다. 마음은 본인의 의지와 결단이 필요합니다. 마음도 죽을 만큼 아픈 이별을 해야 합니다. 죽으면 몸은 당연히 흩어집니다. 마음 또한 많은 것을 내려놓고, 살았던 생의 감정들을 어느 정도 정리해야 합니다. 놓지 못하면 무거워서 혼이 하늘로 올라갈 수 없습니다.

몸이 죽으면 영이 더 높은 하늘에서 중간 하늘로 마중을 나옵니다. 그곳에서 49일간 기다립니다. 혼은 이생에서 생긴 때를 털어내고 영이 기다리는 하늘로 49일 안에 가야 합니다. 그 기간이 지나면 가고 싶어도 못 갑니다. 기다리던 영이 원래 자리로 올라가 버리기 때문입니다. 정해진 기간 안에 못 가는 혼이 열에 다섯이나 됩니다. 가지 못하고 가까이 있기에 생각이 많이 나거나 살아있는 듯이 느껴지고 꿈에 자주 보이는 것은 자연스러운 것입니다.

49일 안에 많은 것을 내려놓은 혼은 빛의 형태로 하늘로 올라갑니다. 더 높은 하늘에서 내려와 기다리는 영을 만나 지난 삶을 반성하고 다음 생에 관해 의논하고 선택합니다. 그런 후 이곳에서 다음 생이 시작될 때까지 기다리는 시간이 있습니다. 이 기다리는 시간에 인연이 있는 이승의 사람들에게 파동을 보내기도 합니다. 이럴 때도 생각이 나거나 꿈에 자주 보일 수 있습니다.

10명 중 2~3명이 파동을 보냅니다. 좋은 인연이 있는 사람에게 좋은 기운을 보낸다고 보면 됩니다. 이렇게 보내는 기운이나 교신을 실제로 받으려면 순수하고 감성이 예민해야 합니다. 하늘에 간 사람이 보내는 송신이나 기운을 감지하는 경우는 많지 않습니다. 보내더라도 받지 못하면 보내는 쪽도 이내 시들해집니다. 돌아가신 분이 하늘로 가서 다음 생을 얻어 다시 지구로 돌아와 어느 집 아기로 태어나 자라고 있는데도 예전 생의 모습 그대로 나타나는 경우 또한 있습니다. 이는 그렇게 보는 사람의 마음이 만든 허상입니다.

종교인이나 명상가 중에 다음과 같은 경험을 하는 경우가 있습니다. 기도나 명상 중에 예수나 석가 또는 조상 등 누군가가 나타납니다. 살아있는 사람처럼 대화나 상담도 하고 앞날을 예지해 주기도 합니다. 이런 경험을 한 사람은 자기의 경험을 과도하게 해석하고 이상한 행동을 하여 패가망신하기도 합니다.

건전하게 활용할 수도 있습니다. 필요한 인물을 참모로 부를 수 있습니다. 중요하고 고독한 결정을 할 때 역사 속 훌륭한 인물들을 불러 그 사람들의 의견이나 관점을 구하는 노력을 계속하면 언젠가 그 사람들이 나타나 조언을 하기도 합니다. 그 조언들은 유용합니다. 나타나는 그 사람들이 내 마음이 만들어 내는 허상이라는 것만 이해하면 됩니다.

만신이 죽은 사람으로 변신하여 거짓 행세를 하는 경우는 문제가 심각합니다. 보통 사람도 10명 중 1명 정도가 무당알을 가지고 있습니다. 무당알이 있으면 만신이 붙어 있거나 따라다니며 알을 끊임없이 자극하여 부화시키려 합니다. 알을 가지고 있는 10명 중 1명은 알이 부화됩니다. 이렇게 되면 만신이 몸으로 들어와 주인 행세를 하려 합니다. 신기가 발동하고 신병을 앓게 됩니다.

만신은 다양한 모습으로 변신이 가능합니다. 돌아가신 할머니를 깊이 사모하는 손녀라면 할머니 모습으로 나타날 수 있습니다. 돌아가신 아버지나 어머니로, 죽은 아들로, 또는 옥황상제로…. 이는 다음 생까지 이어지는 심각한 병입니다.

맑고 예민한 분들이 실상을 잘 보기도 하지만 허상에 노출되기도 쉽습니다. 정확하게 알아 중심을 잡고 대응하면 문제가 되지 않습니다. 정확하게 아는 것, 중심을 잡는 것이 현실적으로 쉽지 않다면 약간 무디게 무심하게 대하는 것이 방법입니다.

2. 무병

노력으로 해결되지 않는 병이 의외로 많습니다. 일단 걸리면 낫게 할 방법이 없어서 운명으로 받아들이고 평생을 고생하는 병 중 하나가 신병이라고도 하는 무병입니다.

정확한 병명 없이 여기저기 아프거나, 안 좋은 일이나 사고가 자주 일어나거나, 하는 일마다 방해꾼이 있는 듯 안 풀리거나, 헛것이 보이거나, 이상한 소리가 들리는 등의 현상이 반복되면 무병을 의심해볼 필요가 있습니다. 무병은 만신이 일으키는 것입니다. 빙의와 현상은 유사합니다. 하지만 빙의가 일반인에게 죽은 이의 혼이나 기타 등등의 원인으로 일어나는 것인 반면에 만신은 인간도 아니고 혼도 아닌 존재입니다.

사람이 살면서 자신의 내면이 아닌 밖에서 답을 구하고자 하면, 만신이 이 사람의 몸에 무당알을 넣고 100% 부화할 때까지 끊임없이 자극합니다. 보통 사람도 10명 중 1명 정도가 무당알을 가지고 있습니다. 무당알이 있다고 다 부화하는 것은 아닙니다. 부화가 되지 않으면 대부분 본인도 자각하지 못하고 별 탈 없이 살다가 갑니다.

문제는 무당알이 부화하는 경우입니다. 무당알을 가진 10명 중 1명 정도가 무당알이 부화하는데, 이는 마치 간염 보균 상태에 있다가 간염이 발병하는 경우와 비슷합니다. 알이 어느 정도 부화되어 무병이 발동되기 시작하다가 다 부화가 되면 만신이 몸속으로 밀고 들어옵니다. 이럴 때 거부하면 힘든 일들이 격렬히 일어나 결국 받아들일 수밖에 없습니다. 무병을 완화하거나 근본적으로 해결할 방법이 지금까지는 없었습니다.

무속은 사람이 있는 곳이면 전 세계 어디에나 있고 인류 역사와 함께했을 정도로 뿌리가 깊습니다. 살다 보면 어려움이 있기 마련이고 사람의 힘으로 도저히 감당되지 않는 일 또한 겪게 됩니다. 이럴 때 미리 알려주어 예방도 하고 그런 일이 일어나는 원인까지 밝혀줄 수 있으면 얼마나 좋을까요? 무속인들이 그런 역할을 자임해 왔으며 과장되거나 믿음이 가지 않는 경우가 대부분이긴

해도 일부 성과가 있었음을 부인하기 어렵습니다. 그런데도 다음과 같은 심각한 문제들이 있습니다. 그래서 신앙이 아니라 병입니다.

1) 무병의 증상

- 본인의 의사와 무관하게 강요됩니다.
  원인 모를 병으로 몸이 아프거나 사고가 나거나 하는 일마다 안 되거나 스스로도 납득이 안 되는 일들을 벌이는데 거부할 수 없습니다.

- 삿된 것들에 휘둘림을 많이 당합니다.
  헛것을 많이 보며 실상과 허상의 구별이 모호합니다. 사람이 죽으면 뱀이나 새, 동물이 되기도 한다는 등 헛된 믿음이 많습니다.

- 현실 감각이 떨어집니다.
  정신질환자를 체크할 때 보이는 손수건 모양의 형상이 무당들에게는 공통적으로 보입니다. 현실 생활에 필요한 감각들이 현저히 떨어집니다. 명상으로 보면 정상적인 사람은 머리가 다섯 겹의 기운으로 되어 있습니다. 중증 암환자, 알콜 중독자, 마약 중독자, 정신질환자 등은 기운의 겹들이 붙어서 한 겹처럼 보입니다. 무당들도 한 겹으로 보입니다.

- 객이 주인을 밀어내고 주인 행세를 합니다.

  만신이 들어오면 초아(초의식)와 힘겨루기를 하며, 초아가 타협하거나 받아들이기로 하면 공존하거나 객(만신)이 주인 행세를 합니다. 어떤 때는 예전의 모습, 어떤 때는 다른 존재로 느껴지는 이유입니다. 사람으로서의 주도적 성장 기회를 상실하는 문제가 있습니다.

- 만신은 사람의 혼과 다른 존재입니다.

  무당 속에 들어있는 만신이 갔다 오는 하늘은 사람혼이 갔다 오는 하늘과 다릅니다. 이들은 자기 몸을 갖지 못하기에 사람 몸속에 스며들어 기생합니다. 사람혼은 이들의 정체를 아는 듯합니다. 만신을 무시하고 그들의 부림을 잘 받지 않습니다. 천도를 한다는 것은 사람혼을 하늘에 가게 하는 것인데, 무당이 천도한다는 것은 무당 속 만신이 자기도 가보지 못한 하늘에 사람혼을 인도한다는 말입니다. 불가능한 일입니다.

- 거짓 행동을 합니다.

  만신은 남자도 여자도 아닙니다. 애기도 젊은이도 늙은이도 아닙니다. 사람혼도 아닙니다. 그런데 돌아가신 아버지, 애절하게 죽은 아들, 애기 동자, 선녀보살, 최영 장군, 옥황상제, 용왕, 산신령 등 별의별 모습으로 등장합니다. 원하는 바 욕구에 맞춰 가장 설득력 있는 신분으로 가장합니다.

- 만신에 감염되는 굿, 신줏단지

  이들은 중성이라서 스스로 번식이 안 됩니다. 사람 몸속에 알이 생기게 하여 수를 늘려갑니다. 무속에 젖어 굿을 하거나 신줏단지를 모시는 등의 행위를 하거나 욕심에 기반한 능력이나 원하는 바를 밖에서 구하는 사람은 알을 이식하기에 적절한 조건을 갖추게 되는 셈입니다.

2) 무병의 예방

- 무속과 거리를 두는 것이 좋습니다.

  답답할 때 가볍게 신수나 점을 보는 정도야 할 수 있는 일입니다. 굿이나 신줏단지를 두고 빌어대는 것은 위험합니다.

- 걸핏하면 빌어대며 밖에서 구하는 행위는 답이 아닙니다.

  어려움을 당할 때 내 안에서 답을 찾고 차분히 대응하는 것이 현명합니다. 내 안에 나의 하늘, 영이 있다는 것을 잊지 마십시오.

- 욕망을 바탕으로 특별한 능력이나 도를 구하는 것은 가장 위험합니다.

  사람의 허점을 이용하여 들어오고자 하는 것들은 얼마든지 있습니다. 종교인이나 구도인 중에 빙의나 접신되어 아는 소리 하고 다니는 사람이 많습니다. 하늘과 멀어지는 행위입니다.

- 나의 하늘에 채널을 고정하고 맑고 밝고 선하고 긍정적이고 열린 마음으로 살아야 합니다.

3) 무병의 치유

- 무당알을 없애고 만신을 빼내어 자기 하늘로 보냅니다.
- 다시 못 들어오게 보호막을 칩니다.
- 정신질환 증상을 치유하고, 한 겹으로 붙어버린 기운의 겹을 정상적인 다섯 겹으로 회복시키는 등 훼손된 몸과 마음을 치유합니다.

신병은 대개 뿌리가 깊습니다. 여러 생에 걸쳐 밖에서 열렬히 구하는 행위를 한 결과입니다. 이 습을 치유하는 것은 시간이 오래 걸리고 어렵습니다. 걸핏하면 온갖 신들을 불러대고 빌어대는 습성을 걷어내야 진정한 치유가 됩니다. 보호막 밖에는 들어오고자 하는 귀신이 많습니다. 안에서 들어오라고 간절히 빌어대면 보호막은 언젠가 뚫릴 것입니다. 여러 생에 걸쳐 형성된 오랜 습을 걷어내는 것이 쉬운 일은 아닙니다.

3. 빙의 제거와 천도 사례

1) 신내림

우리나라는 신의 나라입니다. 신명이 좋아서 노래가 흘러나오면 어깨를 들썩이듯 세계에 한류의 문화가 전해지면 자연스럽게 우리가 입고 먹고 누리고 있는 것을 다른 나라들이 따라 합니다. 그렇듯 우리나라 사람들도 신기가 아주 많습니다. 하단전이 발달하기 전 상단전이 먼저 발달하면 눈에 헛것이 보이거나 혼이 보이기도 하고 예지력으로 예측할 수 있기도 하지만, 이런 것들이 터부시되는 환경에서 이상한 행동이라고 그 능력을 아예 무시하거나 없애버리려 하는 경우가 많습니다.

신이 내리면 꼭 받아야 하는 운명처럼 되어 있는 것도 안타까운 현실입니다. 만신이 들어와 감히 사람을 조종한다는 것은 모욕입니다. 사람은 그 자체만으로도 훌륭하고 경이롭기까지 하건만 죽어서도 하늘로 오르지 못하는 만신들의 장난에 놀아나지는 말아야 합니다.

만신에 의지하여 신내림을 받아 생활을 유지하는 사람이 되거나 그것의 말에 귀 기울여 한 번이 두 번이 되고 열 번이 되는 상황까지는 가지 말아야 합니다. 만신이나 혼은 음의 영역입니다. 결코 빛이나 양지가 될 수 없습니다.

강원도에 거주할 때 일입니다. 그 마을에 용하다고 소문난 점쟁이(맹인 할머니)가 아들과 살면서 굿을 해주었는데 할머니 사망 후 아들이 박수무당이 되어 굿을 하면서 과도하게 돈을 요구하여 집안을 거덜 냈다는 사람들이 많았습니다. 이유를 알아보니 아들 안에 어머니가 거하면서 점을 쳐주고 있는데 아들의 욕심으로 과도한 돈을 끝없이 요구하게 되었습니다. 할머니를 편히 하늘로 올려보낸 이후 한 달 후에 다시 보니 아들에게는 더 기괴한 귀신들이 들어있는 것을 보고, 사람이 귀신을 원하면 원할수록 더 많은 귀신의 소굴이 된다는 것을 알고 사람 각자가 자기 자신을 지키는 힘을 키워야 한다는 것을 알았습니다. 생활을 유지하기 위하여 어둠을 끌어들이는 짓은 하지 말아야 할 것입니다.

2) 무당알

조선시대 무당을 했던 사람은 현생에 태어나도 무당알을 가지고 있습니다. 알을 가지고 있다고 모두 무당이 되는 것은 아닙니다. 그러나 한 번 생긴 무당알은 다음 생에도 따라갑니다. 만신이 따라다니며 알이 부화하기를 기다립니다. 그곳에서 빠져나갈 방법은 죽을 각오를 하고 결심을 하여 자신의 혼이 무당혼을 이긴다면 가능하겠지만 그것도 이생에 국한된 말입니다.

    10살 때부터 무당혼의 괴롭힘을 받고 63세에 찾아온 사람이 있습니다. 죽을 각오로 무당혼과의 싸움을 아직까지 하고 있다고 했습니다. 만신을 제거하고 무당알을 없애주고 나니 마음이 훨씬 편안해졌다고 합니다.

일반 사람들이라도 열 명 중 한 명은 알을 가지고 태어납니다. 알이 10%, 20% 부화한 사람들도 보았고, 완전히 100% 부화가 되어 무당을 하다가 거부하여 힘들게 살아가는 사람들도 보았습니다. 무당을 하다가 죽어서도 올라가지 못하고 알이 부화한 채 떠도는 사람 혼도 보았습니다.

치유 방법은 무당알을 없애고 따라다니는 만신(무당혼)은 그들이 살던 별로 보내는 것입니다. 알을 가지고 태어난 사람이 표적이 되어 무당혼이 오는데 알을 제거하면 표적이 없어진 것이므로 무당혼이 따라오지 못합니다. 이렇게 볼 수 있고 치유할 수 있도록 허락해 주신 하늘에 감사함을 전합니다.

3) 신줏단지

신줏단지 모실 때 사연도 가지가지입니다. 딸이 무당 되는 것을 막기 위해서 모시는 사람도 있고, 아들이 교통사고가 나서 차후 보호하려고 모시는 사람도 있습니다. 무당에게 물어서 신줏단지를 모시게 된 많은 사람이 치우는 게 문제가 되어 끙끙거리는 경우를 많이 보았습니다.

치우는 것은 간단합니다. 신줏단지 위에 귀신이 있는지 없는지 보고, 있으면 올리고 그림자를 지우고 파동도 지웁니다. 없으면 없는 대로 사기를 지우고 파동도 지웁니다. 단지 위에 있는 쌀은 버려도 되고 밥을 해 먹어도 됩니다. 이것이 어려워 1년, 2년, 세월이 가다 보면 자신이 죽고 나서 자식에게까지 갈까 봐 전전긍긍입니다.

어떤 의뢰자는 남편이 간암으로 아플 때 신줏단지를 모시고 굿을 해야 살아난다고 해서 500만 원을 들여 굿을 했는데 6개월도 채 살지 못했다고 합니다. 죽은 남편은 하늘로 못 가고 아내 곁에 살려고 아픈 배를 움켜쥐고 집에 와보니, 신줏단지 위에 털보 아저씨와 다른 귀신 두 명이 자리를 잡고 있었습니다. 아내가 사는 내 집이라 왔는데 이것들이 나를 구박하고 왕따를 시킵니다. 아무것도 모르는 아내는 나를 괴롭히는 놈들을 모시고 정성을 들입니다. 내 집을 차지한 다른 놈들 때문에 죽어서도 몸과 마음의 고통을 10년 넘게 당했습니다.

남편을 하늘로 올릴 때 먼저 몸을 치유하니 갑갑한 수렁에서 빠져나온 듯 맑은 얼굴이 됩니다. 신줏단지 위에 있는 혼들도 모두 올리고 사기를 제거하고 파동도 없앴습니다. 떠나기 전 남편은 아내에게 "너를 두고 내가 떠나가야 한다. 아프지 말고 잘 살아라. 다음에 다시 인연되어 만나자."라며 올라갑니다.

집이 두 채라, 신줏단지 모셔놓은 집은 들어가기 섬뜩하여 잘 가지 않았는데, 신줏단지를 치우고 나서는 집에 들어가도 기분이 좋고 그 방에서 잠을 자도 잠이 잘 오고 마음이 엄청 개운하다는 말을 후에 들었습니다.

4) 신내림 거부

신이 내리면 죽지 못해서 받아야 하는 게 무당이지만 신내림을 거부하고 거의 매일 머리를 싸매고 누운 아가씨가 있었습니다. 그녀의 엄마도 신을 거부하여 한겨울에도 미친 듯이 계곡을 헤매고 정신을 차려보면 계곡물 얼음을 깨고 그곳에 떨면서 앉아있기도 한다고 했습니다. 의뢰자인 아가씨와 둘째 언니, 엄마, 남동생, 그리고 큰언니의 큰딸, 이렇게 한 집안에 무당알 가진 사람이 다섯 명이나 있었던 것입니다.

다섯 명의 무당알을 모두 제거하고 따라다니던 무당혼은 그들이 사는 곳으로 보내고 다시 못 들어오게 보호막까지 쳤습니다. 이렇게 하면 시끄럽던 머리 주위 소리가 안 들립니다. 원인 없이 죽을 만큼 아프고 괴롭고 힘든 일들이 없어집니다. 신을 안 받아도 살아갈 수 있습니다. 무당알만 제거하면 다음 생에 무당이 찾아오지를 못하지만, 각자 무당 관련 전생을 찾아 뿌리를 제거하면 더 확실합니다.

이렇게 간단한 걸 많은 돈 들여가면서 몸 고생 마음고생하며 오늘도 헤매는 사람들이 많을 것입니다. 인연이 닿는다면 서로 좋은 일이기에 인연을 기다려 봅니다.

5) 어느 여자 무당

봉화에 거주할 때의 일입니다. 그곳에 사는 무당이 동네 사람들에게 장난을 치고 있어서 그 안에 거하는 혼들을 내보내고 다른 혼들의 접근을 막아 놓았습니다. 무당은 갑자기 신통력이 없어진 것에 당황해하며 하루에도 수없이 귀신의 능력을 간절히 원하여 결국 다시 신을 받게 되었습니다.

사람에게는 자유 의지가 있습니다. 원하면 원하는 대로 그렇게 흘러가는 것 또한 공간에 유유상종의 띠가 흐르기 때문입니다. 내 몸이 자석이기에 내가 원하는 것이 있다면 반드시 언젠가는 이루게 되어 있습니다. 시간이 길고 짧음의 차이가 있을 뿐입니다.

어둠이 아니고 항상 밝은 쪽으로 원을 삼는다면 지금보다 훨씬 좋은 삶을 살 수 있습니다.

6) 개 귀신

60대 의뢰자는 네발 달린 짐승의 고기를 먹으면 배가 아파 심하면 병원의 도움을 받아야 합니다. 모르고 먹는 경우도 배가 아파서 고생합니다.

원인은 의뢰자가 태아 때, 쥐약 먹은 쥐를 개가 먹고 죽었는데, 그 개 귀신이 약한 태아에게 빙의되었던 것입니다. 어릴 때부터 시작해 환갑이 넘은 나이에도 삼겹살 한 점 마음대로 먹을 수가 없습니다. 엄마가 무당이었지만 원인은 탯줄을 목에 감고 나와서 그러려니 했던 것입니다. 쇠고기, 돼지고기, 심지어 약으로 쓰려고 담근 쥐고기술까지 먹기만 하면 안에 들어있는 개 귀신이 발로 배를 찹니다.

감히 사람을 괴롭히는 개 귀신이 괘씸하지만 개도 사연이 있기에 잘 보내주었습니다. 이후 삼겹살 파티를 하면 멀리 사는 동생들도 오빠가 고기 먹는 것을 구경하러 왔습니다.

사람들이 살면서 생각하지 못하는 것들이 영향을 끼치는데 눈으로 보이는 건 고작 2%, 보이지 않는 것이 98%, 그 속에 우리가 살고 있습니다. 눈으로 보는 것이 훨씬 적을 수도 있습니다.

7) 귀신이 보이는 노인

70대 초반 노인의 경우입니다. 그는 똑바로 누워서 잘 수가 없습니다. 자다가 무심코 눈을 뜨면 천장에서 누군가가 내려다보고 있습니다. 너무 무서워서 모로 잘 수밖에 없습니다. 옆으로만 자다 보니 양쪽 측면 장골능 부위가 다 헐어서 헤져도 달리 방법이 없습니다. 귀신이 따라다녀서 밤에는 혼자 다닐 수도 없습니다. 해가 떨어지면 문단속을 해야 하고, 화목 보일러라서 새벽 2시경에 일어나 불 한 번 때야 하는데 그것마저도 아내가 하고 있습니다. 밤에 출타는 엄두도 못 내고, 산에는 낮에도 혼자서 다닐 수가 없습니다. 7여 년을 그렇게 살았습니다.

해결 방법을 찾아보지 않은 것이 아닙니다. 약을 먹어 몸을 보하기도 하고 무당을 불러 굿을 수도 없이 했습니다. 법력이 높다는 스님을 모셔다가 퇴마를 하고, 절에 가서 정성껏 불공도 드렸습니다. 하지만 해결이 되지 않았습니다.

    물가 옆 민박집이라 스산한 분위기가 있어서 물속을 들여다보니 귀신이 머리를 물속 가득 풀어 헤치고 있어서 얼른 올려보냈습니다. 할아버지 몸 안팎의 귀신과 집 안팎의 귀신들을 다 올려보냈습니다. 집에 물 떠 놓는 것도 하지 않도록 하고 신줏단지도 치웠습니다.

    2주가 지난 후, 조금은 덜 하지만 아직도 무섭다고 합니다. 마음에 공포가 습이 되어 공포의 파동을 계속 보내고 있어서 그것마저도 없애고 나니 일상생활에 불편함이 모두 없어졌다고 합니다.

    새벽에 나가 불도 때고, 천장을 마음껏 봐도 귀신이 없어서 다리를 뻗고 잠을 잡니다. 산에 가서 나무도 해오고 밤에 외출도 합니다. 동네 사람들이 보고는 얼굴 좋아졌다고 했다며 좋아하셨습니다.

8) 망자들의 기싸움

50대 남자의 경우입니다. 어머니가 돌아가신 뒤에 어머니의 혼이 하늘로 가지 못하고 식탁에 자리를 잡았습니다. 어머니와 사이가 나빴던 아내는 암으로 죽은 뒤 그 혼이 남편 몸속으로 들어갔습니다. 돌아가신 어머니가 꿈에 보이면 몸속에 들어와 있는 아내가 술을 마시라고 시킵니다. 그러면 남자는 정신을 잃을 때까지 술을 마시고 차를 몰고 나가 사고를 칩니다.

경찰서에서 남자의 누나에게 연락이 가고 배상하는 일을 지난 10년 동안 두세 달에 한 번꼴로 반복했습니다. 딸, 아들도 등진 지 오래되었습니다. 남은 건 한 사람 누나뿐인데 이젠 누나도 지쳐갑니다. 망자들의 기싸움 때문에 남편은 고래 싸움에 새우 등 터진 것과 같습니다.

아내와 어머니를 천도시키고 나니 1년 지난 지금까지 그런 증상이 모두 없어졌고 술도 끊었습니다. 누나가 제일 좋아합니다. 모두 하늘로 올려보낸 뒤 하루하루를 감사함으로 보내고 있는 의뢰자(누나)의 마음이 전해지듯 따뜻함이 몸에 배어 나오는 것을 보면 치유한 우리에게 많은 힘이 됩니다.

9) 아버지 천도

오늘 낮 12시 30분에 외할아버지, 외할머니, 아버지를 천도합니다. 외할머니는 차려놓은 음식을 와작와작 엄청 맛있게 드십니다. 아버지는 자력으로 올라갈 수 있는 때를 놓친 것을 후회하며 집안으로 안 들어오고 먼 하늘만 보고 서 계십니다.

다른 아들딸들 두고 큰딸을 걱정하며 따라다닌 아버지의 사연이 궁금합니다. 깊은 산속 기와집에 반백의 노인이 멀어져 가는 아들의 뒷모습을 슬프게 바라보고 있습니다. 모퉁이를 돌아가는 아들이 든 가방 안에는 집안의 전 재산이 들어 있습니다. 아들은 독립군입니다. 한 푼이라도 더 모아 나라를 구할 생각에 발걸음이 바쁩니다. 홀로 남아 어렵게 살아야 할 아버지 걱정보다 빼앗겨 유린당하는 조국의 독립을 위해 어떻게 해야 할지를 궁리하기에 머리가 복잡합니다.

노인은 이제 더는 아들을 볼 수 없으리라는 것을 압니다. 아들과 자신과 집안에 들이닥칠 비극적인 일들을 예감하고 있습니다. 아들이 다녀간 후 6개월도 안 되어 아버지는 끌려가 고문 끝에 생을 마감합니다. 집안이 박살이 나고 아들도 3년여 후 독립운동 중 사망합니다.

험한 시절 집안의 기둥이었던 아들이 현생에서는 큰딸로 태어나 아버지에게는 아들인 듯 살았습니다. 아버지 혼에게 "딸에게 받아야 할 것이 있었습니까?" 여쭈니 "사는 동안 왜 그리 어리석었는지 미안하다."라고 하십니다. 딸의 두 손을 꼭 잡으며 "미안하다. 너는 나의 아들이었다. 사랑한다."라고 마음을 전합니다. 치유받고 새사람이 되어 높고 좋은 하늘로 가볍게 날아가십니다.

10) 천도했다고 하는데

천도했다고 하는데, 의뢰자는 조상(귀신)을 볼 수도 없고 어림짐작뿐입니다. 무당을 찾아가거나 절에서 하는 천도를 보면 엄청난 음식을 차리고 하루종일 의식을 거행합니다. 그런데 정말 천도가 됐다면 해마다 백중이 되어 절에서 또 천도하라 하는 것은 모순입니다. 한 번 올렸으면 끝이기에 해마다 할 필요가 없기 때문입니다. 하늘동그라미에서의 천도는 그리 어렵지 않은 수준입니다. 한곳에 모여 있는 망자들이라도 한 번에 올릴 수 있습니다. 작년 여름, 비가 오는 어스름 저녁때 강과 산 사이 도로를 차 타고 가다가 한 여자 혼(귀신)이 머리를 풀어 헤치고 와서는 올려달라고 했습니다. 그 뒤쪽에 수많은 망자가 자기들도 올려주십사 했습니다. 올려주겠다 하니 굉장히 기뻐하며 올라가는 것을 보면서 참으로 감사한 일이었습니다. 나중에 안 일이지만 6·25 전쟁 때 많은 민간인이 그곳에서 죽었다는 이야기를 들었습니다. 조상 올릴 때 현생을 살아가면서 얻은 병이 있다면 그것까지 치유가 되어서 올라갑니다.

조상천도가 초등학생 문제라면 전생치유는 고등학생 문제가 됩니다. 그런데 조상천도를 했다는 것을 어찌 확인하면 될까요? 천도 이후에 내 가족의 마음이 변하고 행동이 변하는 것을 보면 됩니다. 어디에서건 전생치유를 하는 곳이 있으면 천도는 그리 어렵지 않기 때문에 눈에 보이지는 않지만 믿어도 됩니다.

부록 2

전생치유와 기통사례

I 전생치유 사례

사례 1. 희귀한 증상인 물 알레르기가 치유되다

달콤이 (이*화, 창원)

희귀한 증상으로 고통스러웠던 나날들

추위도 더위도 바람만 스쳐도 두드러기가 났습니다. 30분 이상 걸어 체온이 올라가도 두드러기가 났습니다. 스트레스를 받거나 신경을 많이 써도 납니다. 미용실에서 머리를 감겨줄 때 원장님의 부드러운 손길만 닿아도 뻘겋게 할퀸 것처럼 올라왔습니다. 맘 놓고 울면 머리를 한 대 얻어맞은 것처럼 붓기가 일주일을 가기도 했습니다. 저의 일상생활은 말 그대로 고통 그 자체였습니다. 씻을 때 살을 문지르지도 못할뿐더러 수압이나 온도에도 민감해서, 모공이 벌어지고 피가 맺힌 것처럼 피부가 부풀고 따갑습니다. 머리 밑은 따끔거리고, 발가락까지 벌겋게 부풀고 눈동자도 빨개지고 호흡은 가빠오고, 한기가 들어 드라이기로 따듯한 바람을 30분정도 쐬야 진정이 됩니다. 컨디션이 안 좋거나 날씨가 흐리거나 추운 날에 씻으면 눈동자에 실핏줄이 터지고 입술은 벌에 쏘인 것처럼 부풀어 오르면서 호흡곤란이 왔습니다. 쓸고 닦고, 물 없이 하루도 살 수 없는 성격의 소유자라, 고통을 참으며 하루하루 살아가고 있었습니다. 심지어 가족들은 혼자 있을 때 쇼크가 올까 봐 혼자서 씻지도 못하게 하고, 핸드폰을 옆에 끼고 살라고 말했습니다.

의사 선생님은 내장에도 알레르기 증상이 나타나 기도를 막을 수도 있다고 했습니다. 실지로 샤워하다가 벌거벗은 채로 졸도한 적도 있습니다. 서울에 있는 큰 병원에 실려 갔지만 별다른 조처를 받지 못한 채 시간이 지나고 자연스레 가라앉았습니다. 병원에서는 한랭두드러기가 맞는 것 같은데 원인을 모르겠다고 했습니다. 알레르기 증상은 전 세계적으로 몇백 명 되지 않는 희귀한 증상이라고 합니다. 저는 특발성 두드러기로 진단받고, 10년째 항히스타민제를 복용 중이었습니다.

하늘동그라미를 만나게 되다

저는 혼밥도 잘하고 혼자서 영화도 잘 보고 혼자 노는 걸 좋아했습니다. 코로나 내내 집순이로 손바느질하며 마음공부를 하면서 고통을 이겨내고 살면 된다고, 그런대로 잘 살고 있다고 나 자신을 괜찮다고 다독이며 살고 있었습니다. 하지만 몸에서 느껴지는 아픔과 고통은 불안으로 이어지고 가족들에겐 짐은 되지 말아야지 싶어서 고통 없이 자면서 죽게 해달라고 잠결에도 관세음보살님께 빌면서 살고 있었습니다.

그러던 중에 오랜 시간 알고 지내던 지인이 하늘동그라미를 소개해 주셨습니다. 우리 부부는 절을 오래 다녔고, 가까이 모시기도 하면서 열심히 절을 위해 봉사도 했습니다. 그래도 별 소용이 없는 듯해서 하늘동그라미를 소개받았지만 별로 감흥이 없었습니다. 오히려 사이비라고 생각하기도 했습니다. 그런데 지금은 이런 곳을 빨리 만나지 못한 게 후회가 됩니다.

두 분 선생님을 만나 전생치유를 받다

두 분 선생님을 만났습니다. 빙그레선생님은 아기같이 맑고, 큰선생님은 초등학생 때 잘 사는 집의 인물 좋고 똘망똘망했던 남자친구 같았습니다. 맨 처음 상담 때는 생소한 물 알레르기 대신 한랭 두드러기가 있다고 말했습니다.

빙그레선생님께서 나의 전생에 주인 대신 발가벗긴 채로 매를 맞았는데 그것을 마치 보물인 양 이생에 가져온 것이라고 했습니다. 그런

연유에서인지는 몰라도 샤워타월을 사용하면 채찍 모양의 두드러기가 나타나곤 했었습니다. 호흡곤란은 죽으려는 생각 때문에 온 것이라는 것도 알게 되었습니다. 죽으려는 생각을 버리니 신기하게도 전생치유 후 1년 6개월이 지난 지금까지 단 한 번도 호흡곤란이 온 적이 없습니다. 그리고 언젠가부터 샤워를 해도 피부가 부풀고 모공에 피가 맺히는 증세가 없어졌고 상반신에 벌건 증세만 남아있습니다. 80퍼센트 정도 증상이 없어졌습니다.

고통스러운 증상이 80퍼센트 이상 치유되다

전생치유를 받기 전에는 모자에 마스크, 목도리, 장갑까지 완전무장을 하고 다녔는데 요즘은 무장해제하고 다닙니다. 두드러기가 올라오면 올라오나보다 하고 무심하게 지나칩니다. 상대방이 이상한 시선을 볼까 두려워 두드러기를 숨기기 바빴기에 지인들조차 저의 증상을 몰랐습니다. 빨강 립스틱을 바르고 생글생글 웃고 다니니 눈치조차 채지 못했다가 얼마 전에야 알게 되었다고 그동안 고생 많았다고 응원해주기도 합니다.

 이제는 물로 몸을 씻을 때 미리 걱정하지 않고, 무심하게 씻고, 두드러기가 올라오면 오늘도 만년의 때가 조금 벗겨졌다고 생각합니다. 이렇게 마일리지가 쌓이면 어느 날 소리소문없이 사라지겠지. 올 때가 있으면 갈 때도 있겠지, 그렇게 생각합니다.

기적 같은 일이 생겼다

내가 겪는 일이지만 정말 신기합니다. 마음 하나 열었을 뿐인데 선생님께 배운 대로 나쁜 곳에 파동을 주지 않고 '미·고·사'와 두 손을 모으고 겸손하게 감사한다고 말했을 뿐인데, 나의 삶이 이렇게 달라지다니 말입니다. 문득 나와 아무런 상관이 없는 전기를 발명한 에디슨에게조차 감사함이 올라왔습니다.

물론 아직 몸 수련은 많이 부족합니다. 기통을 이루려면 더 열심히 몸 수련도 해야합니다.

너무 감사합니다. 숨을 편히 쉴 수 있다는 게 얼마나 행복한지 모릅니다.

하늘동그라미에 온 지 두 달 만에 60% 정도 증상이 줄어들었고, 1년 6개월 후에는 80% 정도 좋아졌습니다.

빙그레선생님께서 다시 손을 봐주시고 사랑으로 채워 주셔서 무의식에서는 다 나았습니다. 얼마 전에는 평상시처럼 씻었는데 두드러기가 거의 나오지 않기에 어린아이처럼 들떠서 벗은 몸을 남편에게 보여주며, "여보, 신기하지 않아? 빙그레선생님이 다시 손을 봐주셔서 그런가? 다 나은 것 같아." 라고 하자 남편도 빙그레 웃었습니다.

감사하고 또 감사하다

하늘동그라미를 만나고 받은 게 너무 많지만 글로 표현하기에는 많이 부족합니다. 두 분 선생님 덕분으로 잠을 자고 밥을 먹고 편안하게 숨을 쉬게 되었습니다. 하늘의 은혜에 감사를 배웠기에 무심한 것에도 감사합니다. 전생치유로 병이 낫고 몸이 바뀌고 마음이 바뀌니 바보가 된 것 같습니다. 소소한 일상에 나도 모르게 웃음이 납니다. 세상천지 이런 곳이 있을까 싶습니다. 하늘동그라미는 기적이며 두 분 선생님은 사랑입니다.

치유자의 말

만신이 부화되어 뜯어내고 정리하였습니다. 처음 상담자는 몸 여기저기 아프다고만 했지, 물 알레르기 증상은 말하지 않았습니다. 기본 전생치유 세팅으로 물 알레르기가 10에서 6이 없어지고 4가 남아있었습니다. 그래서 물 알레르기의 원인을 찾아 전생을 살펴보았습니다.

물속에서 머리를 내밀며 살려달라고 하는 여인을 오랫동안 물에 담가두는 남자가 보였습니다. 팔려 온 여인에게 와서 시중을 들라 했는데 할 수 없다며 저항하자, 약이 오른 남자가 그럼 죽어야겠다며 배를 타고 나가서 물속에 넣어 올라오지 못하게 하는 장면이 보였습니다. 난 이렇게 죽을 사람이 아니다 이렇게 죽을 바에는 죽어서 귀신이 되어서라도 너를 잡아먹을 것이다. 난 가족의 품으로 반드시 돌아가야 한다. 죽어가면서 극렬하게 저항한 기억이 온몸에 세포에 깊게 새겨져서 물만 보면 온몸이 그때의 기억으로 되돌아가는 것이었습니다.

80조 개의 세포에 새겨진 그 아픈 기억을 하나하나 지웠습니다. 전생은 이제 다 지나갔다 다시 오지 않는다며 안심 시키고 세포에 불을 밝혀 빛으로 채웠습니다. 점차로 나아집니다. 물에서 나아지는 날 전생에서 나오게 됩니다.

사례 2. 환골탈태하다
천화동인 (김*봉, 안성)

저는 전생치유를 통해서 말 그대로 환골탈태했습니다. 전생치유 1, 2차 줌 원격회의를 통해서 새로 태어난 느낌입니다. 빙그레선생님께서 제 몸에 빙의한 어머니의 혼을 천도시켜 주시고, 그 이후로 엄청난 변화가 일어났습니다.

일단 몸의 상태가 무척 좋아졌습니다. 평생 달고 살던 비염이 거의 다 나았습니다. 소화가 잘되고 장의 상태가 아주 좋아졌습니다. 숙변도 엄청나게 많이 빠져나왔습니다. 가래가 많이 배출되면서 전반적으로 몸속의 염증 기운이 많이 없어졌습니다. 아내가 기치유를 하는 힐러여서 가끔 몸이 안 좋을 때 담음(가래)을 많이 빼주곤 했었습니다. 그런데 이제는 자동으로 가래가 배출되고 있습니다. 지금까지 나온 가래 양도 꽤 많은데 아직도 계속 가래가 나와서 몸속의 찌꺼기를 빼내 주고 있습니다. 허리도 약해서 많이 아팠는데, 이제는 아픈 통증을 거의 못 느낍니다. 점심 식사 후 참을 수 없이 졸음이 몰려와 쓰러져 자곤 했는데, 이제는 그렇지 않습니다.

전생치유로 심리적 안정감을 찾다

전생치유로 심리적으로도 안정감을 찾았습니다. 생전 어머니께서 요양병원 생활을 오래 하시면서 수면제가 들어간 약을 많이 드신 것이 영향을 줘서 내내 마음이 불안했는데, 전생치유를 통해서 어머니를 천도해 주셔서인지 마음이 편해지고 관대해지고 세상을 바르게 보게 되었습니다.

아버지와 딸의 전생 이야기를 듣고 나서 그동안 아버지에게 갖고 있던 서운한 감정이 모두 사라졌고, 아들과 딸에게도 사랑의 표현을 할 수 있게 되었습니다. 아들과 딸이 어릴 때부터 엄마의 사랑을 받지 못하고 자라서 아빠한테 서운한 생각들이 많았나본데, 제가 미안한 마음과 사랑을 표현해주니 애들도 마음이 많이 녹은것 같습니다. 요컨대 가족과의 관계를 새로이 보게 된 것입니다.

가족과의 관계도 서운한 감정이 있었는데, 큰선생님과 빙그레선생님의 말씀처럼 가족들은 내가 선택해서 온 것이고 또 세상은 나의 거울이라는 생각을 하게되니, 제가 부족함이 많고 사랑이 부족해서 일어난 일들이라 생각하니 마음이 담담해지고 나 자신을 더 사랑하고 내가 변화되면 가족과의 관계도 변화된다는 것을 느꼈습니다.

돈으로 계산할 수 없는 전생치유의 가치

전생치유 2차 중회의때 큰선생님께 전생치유 가치가 아주 크다는 것을 말씀드린다는 게 "천만 원 어치도 훨씬 넘는다"라고 실수를 했는데 사실은 수억 원 또는 빌딩보다도 더 큰 가치가 있다고 생각합니다. 전생치유와 기통 과정을 신청하고 대략 한 달이 지났을 뿐인데 그동안 많은 변화가 일어났습니다. 저는 이제 새사람으로 새로운 인생을 살고 있다고 느낍니다.

아내와 함께 기공체조나 수련에 관심을 갖고, 절 수련과 명상을 같이 열심히 하다 보니 백회와 장심, 용천혈이 모두 열려서 지금은 엄청난 기를 받고 있습니다. 처음에는 11배도 간신히 했었는데, 지금은 66배를 하고 있으며, 와공도 20분 겨우 채우다가 지금은 한 시간씩 하고 있습니다. 이렇게 몸과 마음이 건강해지고 튼튼하게 해주고 새로운 삶을 살 수 있게 해주신 큰선생님과 빙그레선생님께 무한한 감사를 드립니다.

하늘님 감사합니다. 사랑합니다.

치유자의 말

이 분은 "정리정돈이 안되고 집중이 잘 안 되며, 마음이 불안하고 대인 기피증이 있다"라고 불편함을 기록하셨습니다. 원인을 찾아 전생을 살펴보았습니다.

첩(어머니)의 자식(본인)으로 태어나 첩이 바람을 피웠다는 소문에 동네 사람들의 손가락질을 받고 살았던 강렬한 기억으로 현생이 불안하고 사람 만나는 것을 좋아하지 않고 집중하지 못했던 기억으로 인해 그러한 감정을 풀기 위한 숙제로 현생에 가져온 것입니다.

전생의 장면으로 가서 어머니의 누명을 벗기고 동네 사람들의 시선을 부드럽게 했습니다. 그러한 장면들은 이제 한순간에 먼지처럼 사라지고 자신은 빛이며, 사랑이고 하늘이라는 것을, 밝은 빛 속에 자신이 멋지게 빛나고 있음을 보여줍니다.

만신이 온몸에 90% 늘려 붙어있어서 그것을 녹이고 씻어서 온몸을 밝은 빛으로 감싸고, 13살 내면아이를 지금의 나이로 붕붕 키워서 주변 사람들을 눈과 귀로 들여와서 역지사지하는 혜안을 넣어 멋진 어른으로 살아가는 모습을 교육했습니다. 이제 멋지고 당당한 가장이 되어 아내를 사랑하고 서로 배려하는 삶을 살 수 있도록 무의식에 셋팅했습니다. 결과는 아주 좋습니다. 그전에도 마음공부하며 살아왔고, 그 공부가 빛을 발할 수 있는 기회가 왔기에 더 없이 감사하고 고마울 따름입니다.

사례 3. 새로운 나로 깨어나다
우주마음 (이*옥, 안성)

저는 오랫동안 마음수련을 해오면서 나름대로는 잘 살고 있다고 생각했습니다. 25년 전에는 수련 중에 의통이 열리는 체험도 했고, 힐링명상센터에서 힐러로 일하기도 했습니다. 항상 매사에 감사하는 마음을 가지고 있긴 했지만, 사소한 일에도 불안한 마음이 들었고, 주변 사람이나 세상이 힘들거나 아프면 그 모든 것이 나의 책임인 듯 느끼며, 세상의 모든 근심 걱정을 다 짊어지고 살았습니다.

그리고 의통의 기운으로 스스로 힐링을 하면서 몸 관리를 하면서 웬만한 문제들은 해결할 수 있었습니다. 술이나 담배는 물론 고기도 먹지 않고, 과식하는 편도 아니었습니다. 음식을 먹을 때는 정말 감사한 마음으로 천천히 먹는 편이었습니다. 그런데 작년에 대장암 판정을 받았습니다. 다행히 초기라서 수술하고 치료는 받았지만, 내가 암에 왜 걸렸는지 알 수가 없었습니다. 그러면서 나의 일이나 몸에 관한 자신감도 잃게 되었습니다.

전생치유 책을 선물 받고 전생치유를 받다

'혹시 전생에 관계된 업이 아닐까?'라는 생각을 하기도 했습니다. 그러던 중에 친구에게 전생치유 책을 선물 받았습니다. 그동안 궁금하고 무언가 답답했던 것들이 책을 읽으면서 풀리게 되었고, 마침내 전생치유를 받게 되었습니다.

전생치유에 등록하자 바로 아랫배 단전이 따뜻해짐을 느꼈습니다. 선생님은 제가 전생에 왕자였지만 6살 때에 궁에서 나와 절에서 살았던 적이 있었다고 했습니다. 부족함 없이 호위호식하며 살다가 백성들이 헐벗고 굶주리는 모습을 보고 큰 충격을 받았다고 했습니다. 왕이 되어서도 힘을 쓰지 못하고 무력하게 바라볼 수밖에 없는 삶을 산 전생의 기억을 가지고 있다고 알려주셨습니다.

치유의 과정

선생님께서는 나에게 쓰인 만신과 귀신을 다 걷어내고 치유를 해주셨고, 6세에 머물러 있는 내면아이를 어른으로 키워주셨습니다. 물에 젖은 솜처럼 무기력해져 있었던 온몸 세포 하나하나를 빛으로 채워주셨습니다. 생각이 많고 두려운 기운들을 정리해주시고 간, 심, 비, 폐, 신의 장기들도 다 치유해 주셨습니다.

아! 그런 전생의 문제로 인해 그동안 생각이 많고 불안하고 두려운 기운에 온전한 삶을 살지 못했구나! 원인을 알고 보니 그동안 그렇게 조그마한 일에도 조마조마하고 사람들이 아프고 힘든 것들이 보기만

하는 것으로도 고통이 크게 다가왔구나!라는 생각이 들었습니다.

치유를 받고 난 후

전생치유를 받고 난 지금은 마음이 안정되어, 무수히 일어나던 생각들이 없어졌습니다. 특히 늘 불안하고 두려웠던 것이 없어지고, 무슨 일이 일어나더라도 그냥 편안하게 바라볼 수 있는 힘이 생겼습니다. 눈이 편해지고, 역류성 식도염도 좋아지고 속이 편안해진 것을 확실하게 느낍니다.

전남편이 돌아가시고 새로 만난 사람과 전생의 부부였다고 말씀해 주셨고, 전생의 인연이 다하지 못해 이생에 다시 만나게 되었다는 것을 알게 되었습니다. 선생님이 그분과의 관계를 가족의 기운으로 바꾸어 주셨다고 하셨는데, 그래서인지 전에는 가족보다는 함께 일하는 파트너의 기운이 강했는데, 이제는 가족의 마음으로 그 사람을 받아들이게 되었습니다.

내 삶의 기적 같은 일

어떻게 이렇게 한순간에 마음이 바뀔 수 있는지 생각하면 놀라울 뿐입니다. 큰선생님께서 이 체험을 빌딩 한 채와 바꿀 수 있겠느냐고 물어

보셨는데, 어떻게 바꿀 수 있겠습니까? 몸과 마음이 어떤 비바람에도 흔들리지 않는 빌딩처럼 우뚝 서 있는 느낌입니다.

큰선생님께서는 제게 '한계를 짓지 않고 활력 있게 재미나게 자신을 깊이 사랑하며 살라'는 숙제를 주셨습니다. 선생님의 말씀대로 나머지 인생은 남을 위한 삶이 아닌 나 자신을 위한 삶을 살아보겠습니다. '활력 있게, 재미나게 자신을 진짜 사랑하며.'

치유자의 말

6살 내면아이로 세상을 살아내기는 어렵습니다. 더구나 망한 나라의 어린 왕자로 궁에서 쫓겨나 절에서 백성들은 굶어 죽어 나가는 것을 보고도 아무것도 할 수 없는 어린 왕자의 심정으로 한세상을 살아야 하니까요. 나만 활력 있게 싱싱하게 산다는 것 자체가 백성들에게 죄를 짓는 짓이라는 것을 무의식은 알고 있으니까요. 어린 내면아이에서 벗어나 환갑의 나이지만 전생치유로 활력 있게 제3의 인생으로 빛나게 사시기를 응원합니다. 새로 인연 맺은 남편과도 같은 수행자로 도반으로 앞날에 기쁨이 가득해 보입니다.

명상으로 본 위장에는 가래가 꽉 차 있어서 시간을 두고 가래를 녹이고, 숙변이 가득한 소장 대장은 비웠습니다. 거품, 가래 가득한 방광을 비우고 탄력있게 만들었습니다. 흐물거리는 간은 싱싱하게, 검은 탁기가 많은 심장은 밝은 빛으로 가득 채웁니다. 비장은 고요하게 폐는 얇아서 싱싱하고, 밀도는 높여서 당당하게, 가슴 활짝 펴고 과거를 놓을 수 있는 용기를 넣어서 활력 있게 만듭니다. 신장에 검은 탁기는 녹이고 뼛속 공포의 그림자를 녹여서 밝은 빛으로 가득 차게 합니다.

생각이 너무 많고, 복잡해서 생각을 중지시키고 가볍고 편안하게 만들어 보았습니다. 온갖 걱정으로 잠자리가 불편했는데, 판을 이동해서 안락하고 푹신한 이불로 대체하니 편안하게 잠이 드는 것도 확인했습니다. 겁에 질린 눈빛의 공포를 제거하고, 거리낌 없이 활짝 웃는 표정을 만들고, 자신만만한 말투에 공손함과 겸손함을 입력했습니다. 거울을 보고 자신에게 자꾸 웃어 줄 수 있게 지혜를 넣습니다.

가슴은 걸림이 없이 시원하게 하고 숨이 잘 쉬어지게 합니다. 전생의 파동으로부터 보호함으로써 전생의 기억에 붙잡히지 않게 합니다.

몸에 대한 치유는 모든 분에게 적용되는 한 가지의 예입니다. 모든 분이 치유 후에 침이 잘 나온다, 배고픈 것을 안다, 못 먹었던 음식을 먹을 수 있다, 소화가 잘된다, 제일 좋은 건 마음이 편안하다고 말합니다.

얼마만큼 편한가 하면 전생치유 전이 10이면 대부분 7개나 8개가 덜어졌다고 말합니다. 이 모든 것들은 하늘의 은혜입니다.

사례 4. 평생 고질병, 위식도염을 치료하다

이해할께요 (김*자, 서울)

오랜 세월, 여러 병원을 전전하다.

저는 지금까지 거의 평생동안 위 식도질환을 앓아왔습니다. 통증은 꼭 한밤중에 찾아왔습니다. 자정을 넘긴 직후거나, 새벽 2시나 4시 전후해서 서너 차례씩 통증에 시달렸습니다. 4시경 통증이 오면 통증을 잊어보려고 물 한 컵을 마시고 명상을 하곤 했습니다. 명상이 제대로 될리 없지만 달리 할 수 있는 것도 없으니 소리 없는 몸부림 같은 것이라 하는 게 맞겠지요. 새벽 두세 시경에 시작한 심한 통증에는 잠을 이룰 수 없었고, 그런 새벽을 지나면 그날은 하루종일 기진맥진해서 무기력하게 지낼 수밖에 없었습니다.

그러니 병원이나 한의원을 수시로 많이도 찾아다녔습니다. 다들 완치될 수 있다는 장담과 함께 병이 오래된 만큼 시간도 오래 걸린다고 말했습니다. 요컨대 의사들은 저에게 시간과 돈과 노력이 많이 드는 일이라는 것을 다른 말로 한 것이었지요.

하늘동그라미를 만나다

지인을 통해 하늘동그라미를 소개받았습니다. 저의 고질병을 잘 알고 계셨던 그분은 간곡하게 저에게 하늘동그라미에 와 볼 것을 권했습니다. 그리고 《전생치유 그리고 기통》이라는 책을 읽게 되었습니다. 책을 읽으면서 고질병인 위식도 질환도 나을 수 있을 것 같은 기대감이 생겼습니다. 그리고 하늘동그라미 큰선생님의 말씀을 들으면서 내게 '나를 바꾸는 마음공부, 수련 등 변화를 위한 노력의 시간'이 필요하다는 것을 알게 되었습니다. 대중 속에서 들었던 큰선생님의 말씀은 그동안 수없이 들었던 의사들의 말보다도 더 믿음이 갔습니다. 무엇 때문인지 설명할 수는 없지만 1년 정도의 시간은 지난 십수 년에 비하면 짧은 시간이었고, 충분히 기다릴 수 있는 시간이었습니다.

전생치유를 받다

그리고 저는 1, 2차 두 번의 전생치유를 받았습니다. 치유과정에서 들은 큰선생님의 말씀을 전부 다 이해할 수는 없었습니다. 그분의 도력으로 나의 병든 내장 기관을 깨끗이 치유해서 고통 없는 삶으로 이끌어 주기를 간절히 바랐을 뿐입니다. 그 외에 다른 이야기들, 하늘 향해 열린 삶이나, 모두가 100점이 되는 인간관계, 200의 나에서 2,000의 나로 변화하기와 같은 이야기들은 나와는 상관 없는 남의 이야기, 꿈같은 이야기로 들렸음을 이제야 고백합니다.

그렇게 멍하니 듣던 중 가장 울림이 컸던 말씀은 "이 병은 시일이 좀 걸릴 것이다"라는 말이었지만 아쉽지도 놀랍지도 않았습니다.

통증이 줄어들다

6월 2차 전생치유를 하고 두어 주일쯤 지나니 통증이 한두 번으로 줄어들었습니다. 혹 내가 잠에 취해 통증을 느끼지 못한 것인가 생각했지만, 아픔의 강도가 계속 약해짐을 확실하게 느꼈습니다. 슬쩍 한번 오는 날이 있더니 7월 들어서는 기공유 받느라 10시경 누웠다가 그다음 날 새벽 4시 반까지 기절한 듯 내리 잠을 잤습니다.

저는 역류 방지에 도움이 되는 모션베드 (침대의 상하단 높낮이를 조절하게 만든 침대)를 사용합니다. 베드 상단을 45도 정도로 높여서 거의 앉은 자세로 자야 심한 역류가 일어나지 않습니다. 하지만 면도날로 긋는 듯한 날카로운 통증은 남습니다. 7월 들어서는 불안하긴 했지만 침대 상단을 45도에서 30도로 내려놓았습니다. 기공유 받던 날은 잠깐 있을 요량으로 수평으로 해놓은 상태에서 그대로 잠이 들어 무려 6시간 반을 내리 잤습니다. 어떻게 이런 일이! 상황을 파악하고 정신을 차리며 나도 모르게 외쳤습니다.

선생님 감사합니다!

감사한 마음에 눈물을 쏟다

너무 좋아서 가슴은 붕붕 떠 있었지만 말을 하지 않았습니다. 괜히 입 방정 떨다 낭패한 아픈 기억도 있고, 귀한 일 소문내고 떠들다 흠집 날 것 같은 묘한 조심성도 있었습니다. 좋아 죽겠고 사방팔방 죄다 말하고 싶은데 그럴 수 없으면 홀로 화장실에 숨어서 웃는다고 하지요. 그런 심정으로 20여 일을 보내다가 불안한 다른 이들에게 희망을 주고 싶어 비로소 글을 씁니다. 현재 저는 숙면의 기쁨으로 행복한 삶을 살고 있습니다.

마음 정리도 하고, 입으로만 외던 미고사와 감사를 가슴 저 깊은 곳에서 우러나오는 눈물과 함께 합니다. 명상할 때 영상 속에서 큰선생님의 '하늘님 감사합니다' 하는 음성이 흘러나오면 걷잡을 수 없는 눈물이 쏟아져 엉엉 소리 내어 웁니다. 눈물이 흔해져서 체면이 영 말이 아닙니다.

하늘님 감사합니다. 선생님 감사합니다. 가람님 감사합니다. 덕운님 감사합니다. 살면서 아프게 한 인연들에게 절을 올립니다. 미안합니다. 미안합니다. 미안합니다. 금생에 만난 모든 인연과 손잡고 말합니다. 사랑합니다. 사랑합니다. 하늘동그라미는 기적입니다. 하늘동그라미는 사랑입니다.

치유자의 말

첫인상이 기억에 남습니다. 80의 나이에 서울에서 지리산까지 그 먼 거리를 오셨습니다. 단정하고 날카롭고 평범하지 않은 삶을 사신 분 같았습니다. 분별하고 분리하고 참 고단한 삶이었겠구나. 이제는 긴장 풀고 자유롭게 사시기를 바라면서 보았습니다. 못 올 것 같았는데, 왔다면서 200여 명 회원이 모인 가운데 이야기 보따리를 풀어놓았습니다. 평생을 위가 아파서 반듯하게 자지 못했다고, 이번에는 꼭 완치되었으면 하는 바람이 있었습니다.

기본적으로 명상으로 머리부터 발끝까지 손을 넣어서 몸 안의 찌꺼기를 녹이고 빛으로 환하게 채웁니다. 뇌졸중과 심혈관 관련 문제가 있었고 잡념이 많고 마음에 화가 많고 역류성 식도염 통증이 심해서 날밤을 새우는 경우가 있다고 했습니다. 명상으로 보니 '내가 얼마나 고고한 사람인 줄 알아'라며 뽐내며 살고 싶은 욕망이 있습니다. 그런데 사람들이 자신을 그렇게 대접해 주지 않자, 화로 온몸을 끓게 하고 있어서 정신 차리게 머리에 얼음 붓고, 역지사지하는 마음과 자신으로 인해 불편해하는 가족들의 마음이 되어보게 합니다. 모두가 각자의 삶이 있고 서로 차선 침범하지 않고 응원하는 마음을 셋팅했습니다.

전생으로 가보니 화려한 금장식들이 눈이 부신 거대한 궁궐 안입니다. 왕비는 머리가 아픈 듯 얼굴을 찡그리고 있고 신하(남편)는 그 왕비의 표정, 말투를 신경 쓰면서 심기를 건드지 않기 위해서 항상 긴장하며 살아가고 있습니다. 왕비(본인)가 낳은 왕자(딸)를 왕으로 만들려고 자신이 내쫓은 전 왕비가 낳은 장손(사위)을 견제하는 왕비였기에 온갖 술수를 다 동원해서 장손을 내쫓아야 하는 상황에서 많은 생각과 잡념으로 잠을 이루지 못했던 날들이 많았습니다.

현생 딸이 누구보다 빛나기를 바라는 마음은 전생에서 비롯되었고, 결국 왕비와 왕비가 낳은 왕자의 행실이 드러나 궁에서 나올 수밖에 없었던 삶의 기억을 잡고 있어서 그 기억을 지우고 전생에서 빠져나와 지금, 이 순간을 살 수 있는 지혜를 넣었습니다. 왕비는 나이 들어가는 걸 인정하지 못하고 음식에 대한 감사도 없었기에 자신이 해왔던 행동들을 보여주고 어떤 마음으로 남은 생을 살아야 하는지를 알려주었습니다. '나 건들지 마, 나는 언제나 대우받아야 하는 사람이야'라는 것을 밑바탕을 깔고 주변 사람을 대했기에 역지사지하는 마음과 배려의 마음을 가져보게 하고, 자신이 살아온 세월을 영상으로 보여주고, 지난 세월을 회고할 수 있도록 기회를 줍니다. '하늘에 덕을 쌓겠습니다 그저 감사함으로 살아서 주변에 본이 되겠습니다'라는 이번 생의 숙제를 잘할 수 있도록 지혜와 용기를 넣어봅니다. 우리는 모두 하늘에 신세를 지고 살며, 주변 사람들에게 신세를 지고 산다는 것을 알게 합니다.

소화기관을 보니 위장이 돌덩어리처럼 딱딱하게 보여서 긴장 풀고 말랑하고 탄력있게 만들고 가래는 녹여서 소장, 대장 숙변으로 빠지게 하고, 머릿속 검은 연기 같은 기운은 녹여서 환하게 빛으로 채우고 온몸에 뼛속 공포의 그림자는 녹여서 뼈가 반짝이도록 하고 가슴에 검은 먹구름 같은 것은 녹여 숨이 잘 쉬어지게 했습니다. 거친 식도는 매끈하게 만들고 이글거리는 간은 매끈하고 싱싱하게, 심장에는 사랑이 흐르게 하고, 생각의 비장은 생각을 지금의 반으로 줄이고 고요하게, 폐의 찌꺼기는 녹이고 빛으로 채워 지난 것을 내려놓을 수 있는 용기를 넣고, 신장에는 감사의 빛으로 가득 채워봅니다. 온몸 찌꺼기들을 녹여 오장이 싱싱하게 빛으로 환해지게 깃털처럼 가벼워지게 만듭니다. 온갖 생각과 사기가 가득한 방광의 생각과 사기는 모두 녹여, 싱싱하고 건강하게 만들고 생식기를 반짝이게 빛으로 채웁니다. 온몸에 뼈와 살 근육과 신경들이 가지런하게 하고 감사하는 삶을 살도록 지혜를 넣었습니다. 손발이 따뜻하게 온몸에 사랑이 흐르게 하고 모든 것은 스스로 완벽하기에 누가 누구를 분별하지 않도록 합니다. 남편도 딸도 사위도 모두가 백 점이고 자신을 사랑하는 만큼 주변에 친절할 수 있다는 것도 교육합니다. 하늘에 대한 지극한 감사의 삶을 살도록 세포에 감사를 입력합니다.

    모든 치유는 명상으로 이뤄지는 것이기에 본인은 어떤 치유를 했는지는 알 수 없는데, 모두 마음이 편안해졌다, 몸이 가벼워졌다, 밥맛이 좋아졌다, 손발이 따뜻해졌다, 감사함이 많아졌다, 나 자신을 사랑할 수 있을 것 같다, 이렇게 행복해도 되나 라는 말들을 합니다. 이 모든 것은 하늘의 은혜입니다.

사례 5. 발달장애

일순위 (지*애, 산청)

딸아이가 발달장애 진단을 받다

올해 14살이 된 딸은 중증도 지적 장애와 경증도 자폐 스펙트럼 장애를 가지고 있습니다. 여섯 살 때, 서울아산병원에서 처음 진단을 받았을 때는 눈앞이 캄캄했었지요. 눈에 넣어도 아프지 않을 딸이었는데, 또래보다 발달이 늦은 건 알고 있었어도 장애라고는 상상조차 하지 못했습니다. 아이의 치료와 유치원, 학교, 앞으로의 삶은 어떻게 헤쳐 나가야 하나 막막했고 삶의 계획들을 대폭 수정해야만 했습니다.

그러나 우려했던 것이 무색하게도 하늘님은 딸에게 가장 좋은 것들을 다 준비해주셨던 것 같습니다. 어머니가 딸을 기꺼이 함께 키워주셔서 일을 할 수 있게 되었고, 딸에게 꼭 맞는 치료실과 훌륭한 선생님들을 만나 많은 도움을 받았습니다. 운 좋게도 특수교육을 전공한 원장님이 꾸린 장애통합유치원을 소개받아 짧은 기간이나마 정말 행복하게 다녔고, 초등학교도 시골에 있는 작은 혁신학교(일반학교 통합학급)에 입학하게 되어, 좋은 선생님과 선하고 다정한 친구들과 함께 소외되거나 차별 받는 일 없이 6년을 잘 다녔습니다. 꿈같은 시간이었습니다.

사춘기의 딸, 다른 증상들이 나타나다

그러나 고학년에 접어든 딸이 사춘기 조짐을 보이면서 또 걱정과 불안이 시작되었습니다. 감정 기복이 심해지고 짜증이 부쩍 많아졌으며 공격적이고 폭력적인 경향을 보이기 시작했습니다. 또 아주 어렸을 때부터 귀신이 보인다는 말을 했었는데, 그즈음에는 더욱 자주 보인다고 했고 그에 따른 부적응 행동도 점점 심해졌습니다. 환시, 환청인가 싶어 소아정신과에도 다녀오고, 의사가 권하는 ADHD약은 부작용이 걱정되고, 어떻게 해야 할까 밤잠을 설치며 고민하는 시간이 이어졌습니다.

그러던 중, 딸의 인지선생님의 소개로 하늘동그라미를 알게 되었고, 약을 먹이기 전에 뭐라도 해보자는 마음으로 딸을 하늘명절학교(하늘동그라미 기통수련원)에 입학시켰습니다. 딸보다 제가 먼저 전생치유를 받게 되었는데 그동안 저를 짓누르고 있던 불안, 초조, 우울, 걱정이 서서히 덜어지고 몸과 마음에 생기가 깃드는 것을 직접 체험하고 나니 희망이 생기고 확신이 들었습니다.

전생치유를 받다

딸은 첫 번째 전생치유를 받은 뒤, 많이 차분해졌고 짜증도 현저히 줄어들었습니다. 귀신이 보인다고 하는 횟수도 원래 10이었다고 하면

8 정도로 줄었습니다.

4개월 후 두 번째 전생치유를 마친 뒤, 감정기복은 10에서 3~4 정도, 폭력성은 10에서 2~3정도, 귀신이 보인다는 횟수도 10에서 2~3회 정도로 줄어들었습니다.

그러나 더 놀라운 것은 감정적인 성장에 있었습니다. 한번은 딸을 데리고 운전을 해서 공원을 가는 길이었는데, 전날 잠을 못 자서 너무 졸린 상태였습니다. 공원주차장에 주차한 뒤 "엄마가 너무 졸려서 그러는데 잠깐만 차에서 자고 가도 될까?"하고 딸에게 말했더니 흔쾌히 "네"라고 대답을 했습니다. 잠깐 눈을 붙이고 깼더니 내 몸에 딸의 겉옷이 덮여있었습니다. 예전 같았으면 공원이 바로 눈앞에 있으니 뛰어가도 모자랄 판에 자고 간다는 건 있을 수 없는 일이었을 뿐더러 잘 자라고 조용히 있어 주고 옷까지 덮어주는 일은 있을 수 없는 일이었습니다. 딸이 태어난 이래 처음 당해보는 호사라 감동이 쓰나미처럼 몰려왔습니다.

다른 사람과 소통하고 공감하는 대견한 딸이 되다

또 얼마 전에는 햄버거 사러 갔다가, 드라이브스루에서 주문한 햄버거를 기다리던 중에 매장직원이 반팔 차림으로 밖으로 팔을 뻗어 음식을 건네자 그걸 보던 딸이 "엄마, 날씨가 추운데 언니가 반팔을 입었네. 걱정된다."라는 말을 했습니다. 남들이 보기에는 아무것도 아닐 수 있지만, 그동안 혼자만의 세계에 갇혀 지내던 딸이 자연스럽게 주변에 눈길을 돌리고 자신과 무관한 일에도 공감하고 또 완벽한 문장으로 그 상황과 감정을 적절히 표현한 것이 너무나 놀라웠습니다. 이 일을 자주 떠올리게 되고, 그때마다 그저 기쁩니다. 딸이 너무 대견하고 장하고, 최선을 다해 성장하는 모습이 눈에 들어오고 가슴에 와닿습니다.

편안한 일상을 누리게 되다

그리고 귀신이 보인다고 하는 횟수가 현저히 줄어들어서 일상이 매우 편안해졌습니다. 전에는 밖에 외식하러 나갔다가도 식당 입구에서 딸이 무섭다고 안 들어간다고 하면 그냥 집으로 돌아와야 했는데 지금은 그런 일은 가물에 콩 나듯 아주 가끔입니다. 평소에 잘 지내던 사람에게 갑자기 주먹질하고 소리 지르고 욕까지 해서 당혹스러운 적도 많았는데, (왜 그랬는지 물어보면 그 사람에게 붙은 귀신이 자신을 놀려서 화가 나서 그랬답니다.) 지금은 언제 그랬냐는 듯이 만나면 깍듯이 인사를 합니다. 가끔 집 천장에서 커다란 손이 내려와 자신을 때린다며 바닥에서 데굴데굴 구르곤 했었는데, 선생님들께서 봐주신 이후에는 보이지 않는다고 합니다. 무섭다고 밤을 꼴딱 새우는 일도 거의 없습니다.

약 한 알 먹지 않고 이렇게 좋아졌고, 앞으로 점점 더 좋아질 것이라는 희망이 생겼습니다. 딸 덕분에 저랑 어머니도 기통까지 하게 되어 더 든든합니다. 이제는 딸의 장애에 대해 억울해하지도 걱정하지도 않습니다. 못다 한 사랑을 주고받으려고 딸과 이렇게 만났고, 소중하게 주어진 성장의 기회에 다함 없이 감사할 따름입니다.

치유자의 말

이분은 딸이 좋아질 수 있다면 지금 사는 수도권에서 어디로든 이사할 수 있다고 말했습니다. 남해든 하늘동그라미가 있는 곳이든 어디든 이동할 수 있다는 말이 생소합니다. 자신의 성격 중에 무정하고 매사 움츠러드는 성격을 고치고 싶다 해서 기본 셋팅하고 전생 찾아가 자신이 하는 일이 풀리지 않아 좌절했던 기억을 지우고 당당하고 멋지게 살아보게 했습니다. 그랬더니 자신이 전생치유로 마음이 가벼워진 것처럼 딸도 자유로워지기를 바란다고 해서 딸의 전생치유에 들어갔습니다.

전생에 자신을 도와주지 못한 주변 사람들에 대한 원망의 마음을 지우고, 울었다 웃었다 화내고 흥분하고, 어른에게 소리 지르고 폭력도 행사하는 등의 감정기복을 치유합니다. 천장에서 손이 내려와 자신의 엉덩이를 때린다며 아프다고 우는 날이 많았다고 합니다. 명상으로 보니 진짜 천정에서 손이 내려와 때리며 아파하는 아이를 보며 낄낄댑니다. 귀신을 저세상으로 보내고 귀신에게 열려 있는 예민한 세포를 밝은 빛으로 가득 채웠습니다.

늘어져 있는 위는 싱싱하게 만들고, 울퉁불퉁한 간 속에 얽혀있는 신경들을 가지런하고 정갈하게 만들어서 화가 올라올 때 한 발 뒤로 물러나서 그 감정을 볼 수 있는 힘까지 넣었습니다. 신장에 가득한 검은 사기를 녹이고 감사의 빛으로 가득 채우고 뼛속에 공포의 그림자들도 모두 녹여서 환하게 반짝이는 스텐으로 만들었습니다. 신경이 끊어진 곳도 이어서 매끈하고 생생하게 하고, 주변 사람들을 눈으로 들여와 상대의 감정에 공감하는 힘을 키워봅니다. 머리뼈를 매끈하게 다듬고 가슴을 시원하게 해주고, 하늘은 항상 짝사랑했다는 것을 알아차리도록 했습니다.

딸과 엄마의 관계를 전생에서 찾아보았습니다. 대감(본인)이 집사(친정 엄마)와 장애가 있는 집사 동생(딸)에게 무정하게 대했던 기억의 감정을 해소하고자 서로의 인연이 되어 엄마와 딸로 만났습니다. 엄마는 딸을 무척 사랑하면서 측은해 하기도 하고, 이 아이는 왜 내딸로 태어났나 하는 원망도 있었습니다. 두 번의 전생치유로 점점 나아지는 과정에서 엄마가 기통수련을 하고 기통자가 되었습니다. 엄마의 능력이 나옵니다. 전생을 보고 치유를 하면 결과도 나옵니다. 그래서 그 어렵다는 친정 어머니의 이명도 척척 고칩니다. 친정 엄마에게도 정성을 쏟는데 사랑하는 딸에게 쏟는 사랑은 얼마나 클지 상상이 갑니다.

이들 삼대 세 모녀는 하늘동그라미가 있는 산청에 이사와 집을 짓고 살고 있습니다.

딸은 나비를 무서워합니다. 학교 가는 길에 나비를 만날까 무서워 학교 오고 가는 길에 항상 할머니가 동행합니다. 딸이 어린아이도 아닌데 왜 그런가 하고 딸의 마음이 되어보니 그 예쁜 나비가 공룡처럼 달려와 자기 팔이 물어뜯기는 경험을 합니다. 전생에 거대한 동물에게 죽임을 당했던 기억이 사람이 아닌 것은 무엇이건 보게 되면 전생이 생각나 공포로 한 발도 움직이지 못하는 형편이 된 것입니다. 기억 속에 나비를 개미만 하게 만들고 딸은 거대한 사람으로 만들어 나비는 아무것도 아니며, 무서운 것은 더더욱 아니고, 예쁘고 재미난 것이라는 기억을 저장합니다. 이제 손녀가 혼자 학교 갈 수 있게 되었다며 밝게 이야기하는 할머니의 얼굴은 많은 것을 보여줍니다. 한 주먹씩 약을 먹으며 하루를 살아내야 하는 삶이 약 한 알 먹지 않아도 되는 기통자가 되어 외손녀딸에게 기공유를 해줄 수 있는 멋진 고운 할머니가 됩니다. 날아갈 듯 자유롭고 행복하고 걸림 없는 지금 이 상황이 오로지 천국에서 사는 것 같다며 웃으며 말씀하시는 표정이 지금도 생생합니다. 이 모든 것들은 하늘의 은혜입니다.

사례 6. 저는 간이식 수술 대상자였습니다
멜로디 (조*옥, 부산기장)

갑작스런 통증과 출혈로 잠을 깨다

저는 서울대학교병원 간이식 수술 대상자였습니다. 2018년 5월 무렵이었습니다. 새벽 2시에 갑작스런 통증과 출혈로 잠을 깼습니다. 서울아산병원 응급실로 달려갔습니다. 병원에서 치료 후 받은 진단은 간경화로 인한 식도 출혈이었습니다. 병원에서는 간이식 외에는 방법이 없다고 했습니다.

살고 싶었습니다. 혹시나 다른 결과가 나올지도 모른다고 생각해 서울대병원을 찾았으나 같은 진단이었습니다. 경상남도 기장에서 서울대병원을 오가며 치료를 받았지만 출혈은 멈추지 않았습니다. 어느 날부터는 혈변을 보기 시작했고 복수가 차서 몸무게가 8킬로그램이 늘었습니다. 숨 쉬는 것조차 힘들어졌습니다.

남편의 친구로부터 하늘동그라미를 소개받다

하루는 남편의 친구인 자신감님이 하늘동그라미를 소개해주셨습니다. 저는 더 망설일 이유가 없었습니다. 우리나라에서 제일인 서울대학교병원을 몇 년을 다니며 간이식을 기다리고 있던 차였으니까요. 하늘동그라미를 만난 후 첫 기를 받고 나서 명상 중에 내장이 보이고 온몸에 피가 흐르는 게 느껴지고 몸이 따뜻해지는 경험을 했습니다. 내 몸에 일어나는 이 변화는 도대체 무엇일까? 너무 신기했습니다. 어쩌면 나을 수 있지 않을까 하는 희망이 생겼습니다.

기통 수련을 시작하다

기통 수련을 시작한 후 화요일, 목요일, 일요일을 부산 기장에서 산청 본원으로, 창원으로 한 번도 빠지지 않고 열심히 다녔습니다. 한번은 명상 중에 간에 손이 쑥 들어오는 것이 보였습니다. 순간 놀란 마음에 이불을 들어 보기도 하였습니다. 밥맛이 없어서 먹은 것도 없는데 일주일 동안 변이 너무 많이 나왔습니다. 한번은 변기가 막혀 내려가질 않을 정도였습니다. 할 수 없이 고무장갑을 끼고 변을 부수어 내려보냈습니다. 변이 마치 철판같이 딱딱했습니다. 이런 변이 내 항문으로 나왔다는 게 도무지 믿어지질 않았습니다. 지금 생각해도 이상합니다.

간 기능이 정상화되다

명상과 발끝치기와 와공을 하면서 수련을 했고 기통자의 1:1 기공유도 받았습니다. 시간이 흘러 2023년 4월에 서울대병원에서 식도 내시경을 하니 출혈을 막기 위한 식도결찰술을 받지 않아도 된다는 진단을 받았습니다. 너무 좋았습니다. 심지어 5월에는 서울대병원에서 시행한 간 검사 결과 B형 간염이 없어졌고 간 기능 검사도 정상 수치라고 했습니다. 간이식을 안 해도 된다고 합니다. 너무나 놀랍고 감격스러웠습니다. 사형선고를 받았다고 생각했는데….

하늘님 감사합니다

하늘동그라미에 온지 불과 5개월여 만입니다. 세상에 이렇게 신기하고 좋은 곳이 있나 싶습니다.

 큰선생님, 빙그레선생님의 가르침대로 죽을 때까지 열심히 마음보고 긍정적인 생각만 하면서 살겠습니다.

 하늘님 감사합니다.

 큰선생님 감사합니다.

 빙그레선생님 감사합니다.

 애써주신 창원지원장님과 기공유해 주신 기통자들께도 감사드립니다.

치유자의 말

살면서 내내 피해자였던 한 여인이 남자들이 쓰는 중절모를 쓰고 들어오셨습니다. 본인은 살든지 죽든지 간에 당장 간이식을 해야 한다는 진단을 받았으니 어찌해야 할지 모르겠다는 표정이었습니다.

이분의 사연을 들어 보았습니다. 아들을 원했던 집안에 딸로 태어나 할머니에게 늘 구박받고 살았지만, 공부는 반에서 1등 2등을 할 만큼 총명했다고 했습니다. 결혼해서는 산속 깊은 곳에 들어가 가축을 키우며 살았고, 어린 나이에 아이를 낳았지만, 분유를 구하지 못해 울며 지냈던 기억, 내내 가축을 돌보느라 힘겹게 살아온 세월에 대한 원망이 가득했습니다. 기분파인 신랑은 술 마시고 늦게 들어오기가 일쑤였고, 자존심 상하는 말, 아쉬운 말을 하지 않고 살았기에 20년, 30년 부당한 세월이 한이 되어 온 몸이 불에 태워질 지경이 되어 있었습니다. 전생을 살펴보니 남편과의 인연은 장군(아내)의 길을 사사건건 막고 있는 부하(남편)에게 할 말도 못하고 가슴앓이처럼 살았던 전생이 있었고, 어린아이(남편)를 골탕을 먹이고 있는 어른(아내)의 인연도 있어, 이번 생에 서로 사랑하면서 부부의 연으로 살아볼 수 있는 기회가 주어진 것이었습니다.

저는 이분께 남편과 사랑으로 묶고 묵은 감정들을 찾아서 이해하고 완전히 수용하면 남편을 용서할 수 있다고 누누이 말씀드렸습니다. 하지만 그때마다 억울해서 도저히 안 되겠다고 저항하셨습니다. 지원장님은 이분을 세심하게 보살폈고, 그런 정성으로 이분이 다시 살아나는 과정을 지켜볼 수 있게 되어서 매우 보람 있었습니다.

다시 살아주셔서 고맙습니다. 사랑합니다.

사례 7. 안짱걸음 손주를 고치다

매일감사 (박*남, 창원)

손자의 걸음걸이가 이상해요

제게는 중학교 3학년이 된 친손주가 있습니다. 초등학교 교사인 며느리가 출산 후 바로 복직하면서 제가 키우게 된 손주라 눈에 넣어도 아프지 않을 이쁜 아이입니다. 하루는 아이가 걷는 데 내 눈에 영 이상했습니다. 아이의 무릎이 안쪽으로 몰리며 걷는 안짱걸음이었습니다. 이때가 아이 나이 너덧 살 무렵이었습니다. 정작 아이 엄마인 며느리는 별문제로 생각하지 않았지만, 제 눈에는 너무 거슬려 자주 다니는 병원 의사에게 물어보니 검사를 받아보라고 했습니다. 소개해 준 병원에서 여러 가지 검사를 받았지만, 이상이 없다는 진단을 받았습니다. 그래도 미심쩍으면 대학병원을 가보는 게 좋겠다 했지만, 아이 엄마가 원하지 않아 그냥 두고 말았습니다.

요가도 체형치료도 소용이 없었어요

시간이 흘러 아이는 초등학교를 들어갔지만, 아이의 걸음은 달라지지 않았습니다. 저는 애가 탔습니다. 초등학교 2학년쯤 절을 다니며 알고 지내던 지인에게서 인도요가를 소개받았습니다. 체형교정을 잘한다고 하더군요. 인도요가센터에서는 몇 개월 교정하면 되겠다고 말했습니다. 그래서, 학교를 다녀온 손자를 북면에서 창원 신월동까지 버스나 택시를 타고 5개월 넘게 다녔습니다. 일주일에 2번씩. 한 달에 40만 원을 내며 다녔더니 걸음이 좋아졌지만, 겨울방학에 아들 가족이 서울을 가서 한 달을 지내고 오니 손주의 걸음은 다시 안짱걸음으로 돌아왔습니다.

스님의 권유로 체형교정센터를 다니다

다니던 절의 스님께서 아이의 걸음을 보고 사주를 봐주셨는데 뿌리가 약하다며 체형을 잡으려면 체형교실을 다니라고 권해주셨습니다. 그 말씀에 체형교정센터를 5개월 다녔습니다. 5개월 후 센터에서는 더는 할 게 없다고 집에서 하는 방법을 가르쳐주며 고등학생이 될 때까지 계속 해야 된다고 했습니다. 하지만 집에서는 열심히 하지 못했습니다. 며느리도 제게 별나다고 짜증을 내니 괜히 미안한 마음이 들었습니다.

전생의 업으로 할머니와 다시 만난 손자

손자가 중학교 1학년 때 하늘동그라미를 알게 되었지만 당시는 외면했습니다. 하지만, 손자의 걸음이 고쳐지지 않자 이번에는 하늘동그라미에 가보자는 생각이 들었습니다. 2022년 2월 셋째 주 토요일이었습니다. 큰선생님께서 "할머니가 기통해서 손자를 고쳐주세요." 하시면서 전생 얘기를 해주셨습니다. 전생에 아이가 발가벗겨지고 손도 묶여서 사람 앞을 지나가는데 제가 손가락질하며 흉을 봤답니다. 왜 감싸주지 않았을까요? 아이가 수치스러워 죽을 지경인데 거기다가 흉까지 보다니, 그래서 손주의 걸음걸이를 보면 너무 가슴 아팠나 봅니다. 당신 가족이라면 그런 마음이겠냐며 가르쳐주려고 제 손자로 왔다고 하니 기가 막힐 따름이었습니다. 전생의 그 아이가 부끄러워서 벌거벗은 몸을 가리느라 걸음이 그렇다고 하셨습니다.

안짱다리를 전생치유로 고치다

하늘동그라미의 전생치유를 통해서 손자의 안짱다리는 고쳐졌습니다. 그리고 체형교실에서 자세 틀어진다고 못하게 한 야구도 하게 되었습니다. 어린이 야구단을 1년 넘게 다녔고 지금까지 반듯하게 잘 걷고 있습니다. 키도 커서 아주 멋지게 자라고 있습니다. 이 모든 것이 큰선생님, 빙그레선생님 덕분입니다.

하늘동그라미는 사랑입니다.

치유자의 말

단정한 모습의 할머니가 하늘동그라미 회원과 함께 하늘동그라미를 찾아오셨습니다. 팔각정에 앉아서 이야기를 나누는데 본인은 오로지 손주 하나 온전하게 걸었으면 좋겠다는 의지가 가득했습니다. "손주 치유 말고 할머니 먼저 치유하세요. 그러면 손주는 자연히 좋아질 것입니다."라고 하니 이렇게 답하셨습니다. "우리 손주가요 초등학생인데 왜 그렇게 발끝을 안으로 걷고 있는지 모르겠어요. 손주의 안짱걸음만 고쳐진다면야 제가 먼저 치유를 받지요."

명상으로 전생을 보았습니다. 부모도 없이 이곳저곳 떠돌면서 밥을 얻어먹다가 한 집에 들어가서 몰래 밥을 훔쳐 먹다 들켜서 매를 심하게 맞고 허름한 옷마저 모두 벗겨져 동네를 비틀거리며 걷고 있는 남자아이(손자)를 동네 아주머니(할머니)가 차가운 곁눈으로 쳐다보는 것이 보였습니다. 도와주기는커녕 차가운 눈길을 보냈던 그 전생의 기억이 손자와 할머니의 현생의 관계로 이끈 것이었습니다. 할머니는 그 전생의 기억으로 이 아주머니를 할머니로 선택한 손자에게 진심 미안해하고 고마워하고, 사랑해야 한다는 것을 명상으로 교육했습니다.

원격 전생치유를 통해 손자의 두 다리를 잡고 고관절에서 뺀 후, 반듯하게 위치를 잡아서 고관절에 다시 들어가게 해 손자의 걸음걸이를 고쳐드렸습니다. 그리고 할머니께는 손자에게 '미안합니다. 고맙습니다. 사랑합니다(미고사)'를 하라고 말씀드렸지요. 할머니는 하늘동그라미에 오기 전에 다리를 잘 고친다는 스님을 소개받아 어렵사리 그분을 만나기로 했는데, 어떻게 해야 하느냐고 물으셨습니다. 저는 갈 필요가 없다고 했지만, 할머니는 꼭 손자를 데리고 가고 싶어하기에 그러라고 했습니다. 그런데 스님 앞에 간 손자가 안짱걸음은 어디로 갔는지 사라지고 정상적으로 걷는 바람에 스님께 혼이 났다고 하셨습니다. 손자가 어떻게 걷는지 확인도 하지 않고 데려간 바람에 그랬다고요.

이제 이 할머니의 손자는 자세가 틀어질까 하지 못했던 야구를 1년 넘게 하고 있고, 키도 훌쩍 커서 멋지게 자라고 있다고 합니다. 걸음은 물론 반듯하게 잘 걷고 있고요. 도움을 드려 할머니의 걱정을 덜어주고, 손자가 건강하고 멋지게 잘 자란다고 하니 감사할 따름입니다.

II 기통 사례

사례 1. 나를 사랑하는 것이 전부였다

가비(진**, 부산) : 2023년 3월 27일 489호로 기통

2022년 8월 26일 전생치유를 시작했습니다. 하늘동그라미 오기 전 무의식을 치유하는 마음공부 단체에서 3년 공부하였고 경제적인 이유로 그만두었습니다. (돈이 무척 많이 드는 곳이었습니다) 이후에 영성공부 유튜브 채널들을 찾아보고 책과 유튜브로 공부 열심히 했습니다. 200이 살아보겠다고 운전대 열심히 잡고 살았습니다. 내 삶에 문제로 다가온 일들의 원인은 알았지만, 해결할 수가 없었습니다. 많은 알아차림이 머리에서 가슴으로 내려오지를 못하고 고통 속에 헤매던 때 한 유튜브 채널을 통해 빙그레선생님 인터뷰를 듣고 저분을 만나면 살 수 있겠다는 생각이 들었습니다.

그때 남편은 소송 중이었고, 아들은 공황장애로 고통받고 있었습니다. 상담에서 나의 전생치유가 우선 필요하다고 하셨습니다. 나는 문제없으니 소송 문제로 급한 남편부터 해달라고 했지만 내가 먼저 해야 한다고 해서, 책을 읽고 바로 전생치유를 시작했습니다. 그때가 2022년 8월 26일이었습니다. 당시 남편은 누명을 쓰고 직장을 잃고

퇴직금까지 다 날리고 형사 처벌을 받고 만신창이가 되어 있었습니다. 남편은 분노로 짐승처럼 숨을 쉬었습니다. 억울해서 이대로는 살 수도 죽을 수도 없다고 괴로워했습니다. 전생치유 시작 후 21일째 남편이 민사 소송에서 승소 판결을 받았습니다. 변호사도 99프로 불가능하다고 했던 민사 소송에서 이겼습니다. 끓어오르던 남편의 분노가 조금씩 사그라드는 것이 느껴졌습니다. 그제야 조금 숨이 쉬어졌습니다. 하늘동그라미에 분명 무엇인가 있다는 게 느껴졌습니다.

초등학교 때부터 산만하고 특이한 행동으로 선생님들께 많이 지적받았던 아들의 중학교 1학년 담임선생님이 상담하러 오라고 해서 갔더니 뜬금없이 영재테스트를 받아 보라고 하셨습니다. 교사 경력 30년 차 특별한 아이 한눈에 알아본다며 아들 잘 키워보라고 하시면서. 그 후 여기저기 영재들이 모인다는 곳에 싫다는 아이를 억지로 끌고 다녔습니다. 좋아하는 돈가스, 짜장면 사주고 협박도 하고 달래기도 하며 내 뜻대로 만들어 보겠다고 용을 썼습니다. 중2 사춘기가 시작되고 남편이 잘못되던 그때부터 아들이 학교를 가지 않기 시작했습니다. 1년 6개월 방황 후 다행히 검정고시로 고등학교에 진학했습니다. 그 후로도 매일이 전쟁이었습니다. 하루하루 살얼음판을 걷는 마음으로 마음공부에 매달렸습니다. 아들은 고2 여름방학을 마치고 2학기 첫 등교 날 학교에서 공황장애 증세를 일으켜 집으로 오고 말

앉습니다. 그 후 밖에 나가지 않고 집에서만 지냈습니다. 상황은 점점 나빠져, 남편의 실직이 길어지고 아들은 점점 자기 속으로 숨어 들어갔습니다.

아들 역시 전생치유를 받았지만 달라지지 않았습니다. 마음은 타 들어 가는데, 빙그레선생님 뵐 때마다 호되게 야단을 들었습니다. '아들은 아무 문제 없어요. 엄마만 바뀌면 돼요. 아들 덕 볼 생각 버려요. 아들이 내 자랑거리 되어야 한다는 생각 버려요. 자기 인생 살아요.' 비수처럼 가슴에 꽂힙니다.

누구보다 열심히 산 죄밖에 없는데 억울했고 눈물이 났습니다. 하늘님 저의 시련은 언제 끝납니까? 1남 5녀 중 넷째 딸로 태어나 있으나 마나 한 존재라고 생각하며, 늘 나의 존재를 확인받아야 하는 삶을 살았습니다. 존재감 없는 넷째 딸로 태어났지만 고생하는 엄마에게 아들 노릇을 하겠노라 다짐하며 살았습니다. 내 존재 자체로 빛날 수 없다 오해하고 긴긴 세월 나를 학대하며 살았습니다. 결혼 생활은 성실한 남편, 똑똑한 아들, 야무진 딸 가족 모두 건강했고 외형적으로는 아쉬운 것도, 부러운 것도 없었지만, 타인에게 인정받기 위해 살았던 마음은 늘 힘들었고 행복하지 않았습니다.

빙그레선생님께서 처음 전화 통화 때, "60점만 해요. 나 살아 있다고 안 해도 돼요. 열심히 하지 마요. 그냥 살면 돼요."라고 하셨지만,

그 간단한 것, 다 아는 것이 머리에서 가슴으로 내려오질 않았습니다. 퇴근 후 매일 부산지원에서 절을 하고 명상하고, 토요일 지원으로 수련 가고 큰선생님 강의, 빙그레선생님 강의 시간 날 때마다 두 번 세 번 반복해서 들었습니다. 빙그레 단상 댓글 달고, 간단하지만 핵심은 다 있는 하늘동그라미 수행법에 녹아 들어가고 있었습니다. 오로지 나 자신에게 집중했습니다. 아들이 무슨 짓을 해도 흔들리지 않았습니다. 아들 설계대로 살아내느라 힘들구나, 마음이 아팠지만 거기에 에너지를 뺏기지 않았습니다. 나는 나의 설계대로, 너는 너의 설계대로 모든 것을 체험하기 위해 왔다는 걸 알기에 어떤 일이 생겨도 받아들이겠다 모질게 마음먹었습니다. 글로 옮기지 못할 많은 일이 있었지만 견디면서 하루하루 시간을 보냈습니다. 나만 반짝거리면 된다. 정신 똑바로 차리자, 알아차리고 넘어갈 때마다 힘이 생겼습니다.

그러다 깊은 명상 중 내면의 소리를 들었습니다. '너의 고단한 삶을 내가 안다. 이제 그만 평안하여라. 내가 그것을 원한다.' 눈물이 끝없이 흐르고 모든 것을 한 번에 보상받는 느낌이었습니다. 2,000과의 대화가 이것인가? 그토록 원했던 내 안에 고요와 평안함이 이런 것인가? 너무 좋았습니다. 내일 죽어도 될 것 같습니다. 200이 설쳐대도 지그시 바라보는 2,000이 느껴졌습니다. 그리고 이틀 뒤 아들이 밖으로 나왔습니다. 몇 년 만에 가족 외식도 했습니다. 너무 신기했습니다. 커다란 얼음 같은 돌덩이가 뜨거운 하늘님의 사랑으로 녹아서 쩍 갈라지고 균열이 생긴 것입니다. 나를 사랑하는 것이 전부였구나! 이 우주엔 나밖에 존재하지 않는구나! 그 많은 책에서 보았던 글을 가슴으로 알게 됩니다. 체험하지 않고선 이해되지 않던 글들이 내 것이 되었습니다.

2023년 3월 27일 오전 489호로 기통

♡하늘동그라미 회원이 된 후 변화된 것들♡

1. 나와의 화해가 시작됩니다.
2. 나를 사랑합니다. 더불어 타인을 사랑하는 법을 알게 됩니다.
3. 내안에 참 괜찮은 나와 대화가 됩니다.
4. 바깥에서 구하지 않습니다.

선생님 강의 말씀들이 체험으로 내 것이 됩니다. 내 안에 다 있습니다. 나는 빛이고 사랑이고 하늘입니다. 바람 불고 파도치겠지요. 그래도 그냥 한번 가보겠습니다. 하늘님의 품 안에서 믿고 가보겠습니다. 큰선생님 감사합니다. 사랑합니다. 빙그레선생님 감사합니다. 사랑합니다. 도반 여러분 감사합니다. 사랑합니다.

사례 2. 내 안에 이미 다 있었다

산소 (홍*영, 천안) : 2023년 8월 19일 663호로 기통

2022년 12월 19일 하늘동그라미 기통수련원에 입회를 결정하기까지 기독교인이었던 저는 적지 않은 고민과 갈등의 시간을 보냈습니다. OOO법인 이사회에서 만난 한 분으로부터 전해들은 전생치유와 기통 이야기는 상식의 범주를 넘어선 것이었습니다. 만약 이런 일이 실존한다면 분명 하늘은 인류에게 새로운 방향을 제시하는 것이라 생각했습니다. 그러나 사이비 신흥 종교일 수 있다는 의심도 배제할 수 없었습니다. 경험과 사례집에 가까운 책 한 권은 마구 마음을 요동치게 했습니다. 무시하고 책을 덮어 버리면 그만인데 이성과 달리 강한 끌림으로 가슴이 뛰었습니다. 마치 이성을 처음 만나 그 사람이 누군지도 모르는데 가슴이 방망이질하는 소녀처럼 말입니다. 이 얼마나 위험천만한 일인가?

저자를 만나봐야겠다는 생각에 《전생치유 그리고 기통》의 저자인 무영 선생님을 찾아뵈었고, 강의와 몇 차례의 만남을 통해 선생께서 경험하신 인류를 회복시키고자 하는 하늘의 간절한 목마름과 도道에서 벗어난 고단한 인생을 살다가 노년에 패잔병 같은 모습으로 생을 마감하는 불안한 눈빛이 가슴 아프다며 "나는 인류가 깨어나는 것에

관심이 있어요"라고 하셨습니다. 선생께서 걸어오신 진솔한 삶의 경험을 들으며, 그저 막걸리 한 잔이면 족한 소박한 삶 속에 하늘이 주신 큰 소명을 간직한 분임을 알 수 있었습니다. 그러나 여전히 반백을 살아온 중년의 한 사람으로 성큼 뛰어들기 쉽지 않았기에 의심하며 끊임없이 질문을 던질 수밖에 없었습니다.

 허름한 옷차림을 한 그리스도 마냥 겉보기에 나의 기대와 어쩌면 달랐던 하늘동그라미 기통수련원에서 나는 삶의 진정한 가치와 내가 누구인지를 분명히 알게 되었습니다. 몇 생의 삶을 압축했다고 해도 과언이 아닙니다. 그리고 경험이 진실임을 알게 되었습니다. 전생치유 후 남편은 저의 변화를 두고 "당신 전생치유하길 참 잘했다"라며 현재 함께 수련하고 있습니다. 좋은 것을 사랑하는 이에게 주고 싶듯 남편과 가족, 소중한 사람들 10여 명이 함께 성장의 길을 간다는 것이 감사하고 행복한 일입니다.

 하늘동그라미 기통수련원에 입회하기 전의 두려움과 갈등, 고민은 아침이 밝기 전 그 새벽의 어둠과도 같았던 경험이라고 할 수 있습니다. 수 세기 인류는 행복한 삶을 지향하며 끊임없이 노력했고, 우린 많은 것을 이루었지만 정말 중요한 하나를 잃어버린 것은 아닐까요? 바로 하늘입니다. 무영 선생께서는 제자들에게, 하늘을 좌표 삼고, 무위의 영역의 자동항법장치가 작동되는 삶, 의식 너머의 차원이 다른 의식과 소통을 통해 깨어나, 내가 빛이며, 사랑인 그리고 하늘의 본질을 소유한 하늘임을 진정 깨달으라 하십니다. 또한 자유로운 존재로 회복되는 과정인 '기통'을 통해 자신의 존재를 자각하여 감사하는 삶을 살아가도록 지도하고 계십니다. 이런 가르침을 거부할 이유가 있을까요?

기통 과정 중 명상을 통해 시커멓고 찐득한 거적을 덮어쓴 사람이 하나씩 하나씩 거적을 벗는 모습을 보았습니다. 처음 볼 때는 시커먼 것에서 뱀(?)이 몇 마리 나오려고 고개를 치켜드는 것처럼 보였는데, 알고 보니 나비가 고치를 뚫고 나오듯이 거적을 뚫고 나오려는 저의 몸짓이었습니다. 어느 날 명상에서는 그 거적때기에서 얼굴이 나오고, 한참 지난 어느 날은 목이 나오고, 얼마 후 어깨가 나오고···. 2023년 3월 1일 발원문을 올린 저는 8월 15일 기통 되길 바랐습니다. 그러나 그날 아침 명상에서 왼쪽 발에 아직 거적을 덮고 있는 모습이 보여서 오늘은 나의 날이 아니구나 짐작했습니다. 기통 이틀 전 거의 거적을 다 벗었고, 기통 당일 아침 명상에서 뽀얗고 반짝이는 모습의 한 사람이 하늘의 빛을 받고 서 있었습니다. 그래서 기통 되겠구나 짐작했습니다. 2023년 8월 19일, 663호로 기통 되었습니다.

기통은 완성이 아닌 새로운 시작임을 알기에 열고 열어 나의 근원인 하늘과 가까이 가는 삶을 지향하고 있습니다. 하늘동그라미 기통수련원은 이렇게 기통된 사람들이 모여 자연스럽게 형성된 곳입니다. 다양한 이유에서 다양한 사람들이 모인 곳이니 '가지 많은 나무 바람 잘 날 없다'라는 옛말처럼 이러저러한 일들이 일어나기도 합니다. 의도를 가지고 형성된 곳이 아니기에 하늘동그라미 기통수련원은 회원들이 함께 만들어가는 공동체로서의 의미를 소중히 여깁니다. 저는 이런 하늘동그라미 기통수련원의 문화가 참 좋습니다.

 명상을 통해 하늘과 우주의 맑고 밝은 에너지를 느낍니다. 분명한 몸의 감각을 통해 느껴지는 이 경험을 부인할 수 없습니다. 사랑하는 간절한 마음으로 기공유를 하면 상대의 장기가 보이고, 형언할 수 없는 빛과 하얀 손이 치유하는 모습을 봅니다. 명료한 의식 속에서 메시지를 듣습니다. 저는 전생이 있음과 본래 사람은 스스로 자신을 치유하는 능력을 가진 존재란 사실을 부인할 수 없습니다. 병이 짙으면 당연히 의사와 병원의 도움도 필요합니다. 그 이전 스스로 자기 몸과 마음을 관리하고 건강하게 살다가 원하는 날 본래의 자리로 돌아갈 수 있다면 얼마나 희망적일까요? 저는 하늘동그라미 기통수련원에서 하늘이 인간에게 부여하여 이미 내 안에 있는 것들을 발견하고 있습니다. 그리고 자신있게 이 길을 함께 가자고 손 내밀고 싶습니다. '나'와 '너'가 '우리'로, 나의 몫을 하되 서로 연결된 존재로 하나임을 알고,

다시 오고 싶은 세상을 만들어 보고자 합니다. 이 글을 읽으시는 소중한 당신을 초대합니다.

사례 3. 죽음의 공포와 두려움이 사라지다

도까비 (김*율, 제천) : 2023년 2월 13일 442호로 기통

저는 2023년 2월 13일 기통을 해서 우주의 기운이 연결되는 머리 구멍이 열리고 머리 위에 하늘동그라미로 하늘의 기운이 연결되어 13개월째 기통자로 살고 있습니다.

지난 삶을 돌아보면 기통 이후의 삶은 3번째 삶이라고 할 수 있습니다. 시골에서 형제가 많은 가정에서 여섯째로 태어나, 어렸을 때 몸이 약하고 아팠습니다. 소화가 어려워 자주 토하고 항상 힘이 없었고 조금만 뛰어도 심장이 귀에서 뛰었고 학교에서 사지가 뒤틀리는 경련이 나서 어머니께서 학교에 오신 적도 있습니다. 하늘을 날다 떨어지고 하늘이 무너지는 꿈을 자주 꾸어서 밤에 혼자는 무서워 하늘을 올려다보기가 두려웠습니다. 어린 나이에도 죽고 싶다는 생각을 자주했습니다 그러면서도 자다가 죽는 꿈을 꾸며 무서워서 벌떡 일어나는 일도 자주 있었고 이런 증상은 기통 전까지 1년이면 2~3번씩 있었습니다.

20대 중반에 결혼할 무렵에도 체기가 자주 있어 손가락 발가락을 모두 사혈을 해야 겨우 숨이 쉬어지고 소화가 되었고 방광염도 자주 걸리고 밤에 잠을 잘 때도 2번 이상 소변을 보는 일이 다반사였습니

다. 허전하고 힘든 마음을 불교에 의지해서 절하고 불경을 쓰고 염불을 하며 몸과 마음의 짐을 내려놓아야 함을 알게 되었습니다. 10여 년 불교에 의지하다 30대 중반에 단전호흡을 알게 되고 그곳에서 15년 동안 일했습니다.

단전호흡으로 백회에 구멍이 생기고 단전에 핵이 생기며 체기가 사라져서 점차 손가락 발가락 사혈하는 일은 없어지고 방광염은 걸리지 않고 살 수 있었습니다. 그것만으로도 숨이 쉬어지는 느낌이들고 살 만했습니다. 수련을 통해 하늘이 있다는 것도 알았고 그 하늘과 하나 되기를 소망하며 열심히 살았습니다. 하지만 손에 잡힐 것 같은 하늘은 투명한 막 같은 건너에 있었고 1년에 서너 번씩 생시인지 꿈인지 자다가 죽는 공포는 여전했고 자면서 2번 이상 소변을 보는 건 계속되었습니다.

그러면서 다니던 직장에서 나오게 되었고 개인 사업을 하며 살던 중 2022년 6월에 지인을 통해 하늘동그라미를 만나게 되었습니다. 처음에 저의 전생치유를 먼저 신청하고 빙그레선생님께서 돌아가신 시아버지께서 하늘에 가지 못하고 계심을 알려주셨고 천도를 해주셨습니다. 어린시절부터 예감이 잘 맞고 예지몽도 자주 꾸었던지라 신기가 있지 않을까 두려움이 많았는데 70% 부화된 무당알이 있었다고 하셨고, 그것을 정리해 주셨습니다. 혹시 무당이 되면 어쩌지라는 어린시절부터 있던 깊은 내면에서 올라오는 공포와 두려움이 사라지고 그로 인해 긴장되어 있던 어깨의 긴장이 풀리기 시작했습니다.

전생치유의 효과를 몸으로 마음으로 느끼며 남편과 두 자녀의 전생치유를 하게 되었고 결과는 대만족이였습니다. 그러면서 하늘동그라미가 사이비는 아닐까 하는 의심이 풀어지고 2022년 9월 말에 기통을 신청하고 11월 1일에 발원문을 쓰고 2023년 2월에 기통이 되었습니다.

하늘동그라미 명절학교에서 베개운동, 반절, 온절, 와공, 발끝치기, 명상을 배우고 익히며 하루하루 명상은 깊어졌습니다. 기운의 중심이 발바닥으로 내려가며 손과 발이 뜨거워지고 임독맥이 열리고 정체를 알 수 없는 교유맥이 열릴 때는 팔다리가 간지러워 피가 나도록 긁기도 했고 혈자리가 열리는 과정 세포가 빛으로 채워지는 과정에서 여기저기 나 여기 있어요 하는 것처럼 온몸이 표현하는 듯이 통증, 간지러움 등이 느껴졌습니다. 기통되기 며칠 전 명상할 때 머리 위에서 사이다 병뚜껑 따는 소리처럼 뽁하는 소리가 들렸고 하늘동그라미가 떠오르는 모습도 보였습니다.

기통 이후 절과 와공은 더 잘 되었고 명상은 더욱 깊어져 갔습니다. 머리 구멍으로 쏟아져 들어오는 우주의 기운이 온몸을 채우며 닫힌 곳을 열어가고 하늘동그라미로 쏟아져 들어오는 하늘 기운은 하단전을 채우고 중단전 상단전 손바닥 발바닥의 외단전을 더욱 활성화했습니다. 세포에 천태극 알갱이가 들어가 자리를 잡았고, 우주와 하늘의 기운이 나에게 들어오기도 하지만 우주와 하늘의 기운이 세포와 연결이 되는 것이구나를 깨달았습니다. 그 과정에서 온몸에 기운갈이 현상이 나타났습니다. 두드러기와 발진이 올라왔다 사라지기를 반복하고 기침과 가래도 한참 동안 나왔고 방이 빙빙 도는 어지럼 증상도 겪었습니다. 골상이 변하는 것도 겪었는데, 선글라스를 쓰면 자국이 생기던 광대뼈가 들어가 지금은 선글라스를 써도 자국이 남지 않습니다. 체온이 올라가며 아랫배와 손과 발은 항상 따뜻합니다.

소화가 잘 되어 평생 느끼지 못했던 배고픔이 느껴지며 굶는 고통을 알게 되었습니다. 심장이 너무 빨리 뛰어서 오르기 어렵던 오르막길을 평온히 오를 수 있게 되었습니다. 일주일에 4번 이상 밤에 소변을 보지 않고 잠을 잘 수 있습니다. 기운을 볼 수도 있고 귀신을 보고 하늘로 천도를 할 수 있게 되었습니다. 전생을 보고 치유를 할 수 있게 되었습니다. 명상을 통해 우주공간을 자유롭게 다니는 우주인이라는 것도 체험하고 알게 되었습니다.

머리 위의 하늘동그라미로 하늘의 기운이 쏟아져 들어오는 걸 느끼고 볼 수 있고 그로 인해 하늘의 일부이고 하늘이 나의 근원임을 느끼고 알게 되었습니다. 그래서 마음이 안정되고 조바심이 사라지고 세상에 다시 태어나고 싶지 않다는 생각이 사라지고 다시 태어나도 괜찮겠다라고 생각이 변했습니다. 죽음의 공포와 두려움이 사라졌습니다. 제게는 이것이 가장 좋고 감사한 부분입니다. 언제든 돌아갈 하늘이 있고 그 하늘과 연결되어 살아가고 있는 지금이 꿈같고 행복하고 한없이 감사합니다.

함께 기통을 한 남편과 큰딸 그리고 기통 과정의 작은 딸과 예민하고 날이 서 있던 과거와 달리 여유 있게 웃으며 밥 먹고 따뜻한 눈빛을 나누는 가정이 된 건 보너스입니다. 이제 기통자로 1년을 살았습니다. 앞으로 3년, 10년 어떤 선물들이 올지 모든 일에 감사하며 여유롭게 가보지 않은 기통자의 삶을 살아보겠습니다.

모든 존재가 하늘이기에 모든 존재에 감사를 드립니다. 하늘동그라미 감사합니다. 큰선생님, 빙그레선생님 감사합니다. 남편과 두 딸들 함께 기통자의 삶을 가주시는 언니, 형부 많은 지인 분 고맙습니다. 기통자의 삶을 선택한 내 자신에게 고맙습니다. 사랑합니다.

사례 4. 빛사랑으로 태어나기

빛사랑 (허**, 부천) : 2022년 9월 11일 313호로 기통

엄마와 아파트 산책을 하며 하늘을 올려다봅니다. '하늘님, 지금 이 순간 감사드립니다.' 평범한 하루의 감사를 알게 되기까지의 이야기를 적어보려 합니다. 기통된 사람들의 이야기를 쓰며 지난 삶은 훌훌 털어버리고 인생의 한 페이지를 넘깁니다.

 딸 셋의 막내딸로 태어났습니다. 아버지는 장남이셨고, 그 시절 그렇듯 아들을 바라던 집이었습니다. 저를 임신했을 때 어머니는 방에서 어느 정도의 시간이 지났는지 알 수 없을 정도 구타를 아버지로부터 당하셨고, 그 시간이 마무리되었을 때는 머리에 빈자리가 없을 정도로 혹이 나 있었다고 합니다. 그 힘든 시간을 겪어 내느라 바지에 오줌까지 지리셨다고 하셨습니다.
 그 길로 집을 나오셨고 친척집을 전전하시다 저를 대구 어느 산부인과에서 홀로 낳으셨습니다. 돈도 없는 상황이었지만 친절하신 산부인과 의사님 덕분에 모든 비용을 병원에서 부담해 주셨습니다. 그렇게 저는 세상에 나왔고, 어머니께서는 제가 태어난 날을 정확하게 기억하시지 못합니다.

저를 잠깐 맡기기 위해 들른 홀트 아동복지원에서 하늘의 은혜로 어머니께서는 일자리를 구하게 되었고 저를 그곳에서 2년이 넘는 시간 키우셨습니다. 저는 태어나자마자 아팠다고 합니다. 계속 설사를 했고 돌이 지나서야 제대로 된 변을 봤다고 했습니다. 어머니는 남겨 놓은 두 딸이 보고 싶어서, 경제적인 어려움 때문에 아버지가 있는 집을 들어왔다 나왔다를 반복하셨고 그때마다 저를 데리고 나오셨습니다. 저는 세상에 가족은 어머니뿐이라는 마음으로 어린 시절을 보냈습니다.

제가 일곱 살이 되던 해 초등학교 입학을 위해 아버지 집에 들어오게 되었습니다. 부모님은 계속 사이가 좋지 않으셨고 어머니께서는 일 년에 반 이상은 집을 나가계셨습니다. 하늘동그라미에서 두 분의 사이를 알게 되기까지는 저는 아버지에 대한 무조건적인 분노만 존재했었습니다. 나의 어머니를 괴롭히는 남자로 인식하고 있었으니깐요. 내가 힘이 있었다면, 돈만 있었다면 이곳에서 살지 않았을 텐데 가슴에 악만 키우고 있었습니다.

역시나 부모님께서는 전생에 원수 사이였습니다. 전생에 마님(어머니)이 하인(아버지)을 때리고 심하게 구박하고 불구가 될 정도로 몸을 망가뜨렸다고 하셨습니다. 하인(아버지)은 마님(어머니)이 자신을 불구로 만들었으니까 그 원수를 갚겠다는 일념으로 사셨다고 하셨습니다. 어머니께서는 40대에 이미 만신이 부화, 아버지는 만신이 100% 부화하기 직전! 전생의 두 분 인연과 만신 100%의 부모님, 어떤 전쟁 같은 삶을 살았는지 예상되시지요?

그런 부모님 밑에서 학창 시절을 보냈습니다. 신기하게 초등학교 입학을 했는데 친구들에게 인기가 많았습니다. 저의 팔짱을 끼기 위해 친구들은 싸우기까지 했으니까요. 초등학교 2학년부터 고등학교 2학년까지 몇 해만 빼고 반장을 했고, 성적도 반에서 1~2등을 유지했습니다. 친구들은 저의 집안 사정을 알지 못할 정도로 저는 밝고 명랑하고 모범적인 학창시절을 보냈습니다. 성적도 좋고, 친구들과도 잘 지내지만 저는 집안에 대한 수치심, 고르지 못한 치아에 대한 수치심, 마른 몸에 대한 수치심으로 저를 감추고 숨고 싶은 마음을 동시에 느끼며 지냈습니다. 시간이 흘러 대학교를 졸업하고 본격적인 마음공부의 길로 들어서게 됩니다.

저의 우울감과 무기력이 지속되어 어떠한 것도 할 수 없었습니다. 어머니께서 20년 넘게 제 귀에 대고 매일 아프다고 하셨습니다. 저는 무표정 좀비가 되어 어머니의 병원을 따라다녔습니다. 어머니의 고통을 매일 보고 있었기에 저는 지쳐버렸습니다. 어떠한 것을 할 에너지도 남아있지 않았습니다. 자기혐오도 심해졌습니다. 학창 시절 잘 나가던 나는 뭐가 되어 있을까 궁금해하는 친구들로부터 숨어버렸고,

언니의 등에 빨대를 꽂고 있는 능력 없는 동생이 되어 버렸습니다. 벗어나기 위해 발버둥 쳤습니다. 그럴수록 진흙탕 속에 깊이 빠져버리는 느낌이었습니다.

호오포노포노 강의도 들었고, 지리산 명상센터 4박 5일 프로그램도 몇 년 동안 꾸준히 참여했습니다. 지나고 보면 그 순간순간 필요한 인연들이었고 도움을 많이 받았습니다. 그 덕분에 학원에서 일을 할 수 있는 힘이 생겨 일하게 되었습니다. 2020년이 되기 전까지는. 다시 한번 인생의 그래프는 아래로 향했습니다. 2019년 차 사고가 있었고, 교감신경이 항진되어 심장이 자주 걷잡을 수 없을 정도로 빨리 뛰었습니다. 저는 심장을 위해 매번 사뿐사뿐 걸어 다녔습니다. 심장이 한번 빨리 뛰기 시작하면 세탁기 탈수하듯 털컹털컹 온몸을 흔들어 댔습니다. 죽음이 눈앞에 있는 느낌이었고 외출을 하면 응급실이 어디 있을까 미리 찾아보곤 했습니다. 그리고 2020년 1월 수술까지 해서 2년을 뼈만 남은 채로 집에서 누워만 있어야 했고, 어머니는 2개월에 한 번씩 입원하셨고, 언니는 외국으로 떠났습니다.

그러다 하늘동그라미를 만났습니다. 마지막 희망이었습니다. 마지막이 아니어도 좋았습니다. 저는 끝까지 어머니를 위해, 저를 위해 해결 방법을 찾았을 테니까요. 2022년 3월 전생치유를 시작하였고, 4월 줌모임에 처음 참석했습니다. 최근에 와서 들은 이야기지만 지원장님께서 그때의 저의 모습은 울고 있었다고 했습니다.

하늘명절학교는 재미있습니다. 재미가 없었다면 이렇게까지 참여하지 못했겠지요. 매일 카페에서 회원분들의 기적 같은 이야기를 읽는 것도, 빙그레선생님의 삶의 지혜를 읽는 것도 모든 것이 좋았습니다. 매주 2번의 지원 줌 회의와 빙그레선생님 강의, 큰선생님의 강의를 빼먹지 않고 들었습니다. 에너지가 떨어져 있어도 강의에 참석만 하는 것만으로도 에너지가 채워지는 것이 느껴졌기에 참석을 안 할 수가 없었습니다. 그러면서 조금씩 조금씩 저의 몸과 마음이 회복되었습니다. 어머니도 만신을 떼어내니 눈에 띌 정도로 몸과 마음의 건강이 좋아지셨습니다. 옆에서 본 사람으로서 기적이라고밖에 말을 못할 정도입니다.

어머니를 고치고 싶다는 귀한 마음 덕분에 기통이라는 선물을 받게 되었습니다. 제가 평생에 걸쳐 추구해 왔던 깨달음의 길이 너무나도 우연스럽게 찾아왔고 쉽게 이루어지게 되었습니다. 기통 하루 전 머리 윗부분이 체한 듯이 꽉 막히고 욱신한 느낌이 들어 소화제까지 먹을 정도였습니다. 그다음 날 기통 소식을 전해 듣고 눈물이 났습니다. 기통 후의 변화는 셀 수 없이 많습니다. 귀한 기통을 선물 받고 변화된 점을 정리해보고자 합니다.

1. 우울감이 사라졌습니다.

매번 찾아오던 우울감과 잠들기 전의 공허함이 없어졌습니다.

2. 기운이 생겼습니다.

기운이 없어 바깥 외출이 힘들었습니다. 이제는 2~3시간 동안 외출을 하고 돌아와도 힘은 들지만 잠깐 쉬면 금방 회복이 되는 느낌입니다. 하루의 일정을 소화해도 피곤함이 다음날까지 이어지지 않습니다.

3. 기운을 느낍니다.

하늘동그라미를 통해서 백회로 내려오는 기운을 느낍니다. 기감이 약해졌다가도 줌 회의에 참석하거나 선생님 두 분을 뵙고 나면 기감이 다시 살아납니다. 자는 동안에는 세차게 기운이 백회를 통해서 들어와 몸을 치료함을 느낍니다. 하늘과 우주의 기운을 받을 수 있는 몸이 된 것이 감사합니다.

4. 발걸음이 힘차고 가볍습니다.

예전에는 땅이 끌어당기는 느낌에 발을 질질 끌며 다녔습니다. 이제는 몸도 가볍고, 힘차게 걸으면 몸에서 탁한 기운이 나가는 느낌도 느낍니다. 탁한 기운을 빼내기 위해 더욱 힘차게 걷습니다.

5. 삶이 평온해졌습니다.

예전에는 엄마의 아프다는 한숨 소리로 아침을 시작했다면, 요즘은 엄마의 노랫소리로 아침을 시작합니다. 대부분의 하루가 평화롭습니다. 감정이 올라올 때도 많지만 하루를 넘기지 않습니다. 올라오는 감정은 빙그레 단상 옹이 2에 쓰고 나면 그냥 없어집니다.

6. 내 뜻대로가 아닌 하늘 뜻대로 살고자 합니다.

삶에 힘을 빼니 삶이 힘이 들지 않습니다.

7. 주위 평가에 휘둘림이 줄어들었습니다.

상대의 기분 나쁜 말에 곱씹으며 상대를 미워하고 재단하는 일이 줄었습니다. 나를 위해 그러지 않기로 했습니다. 그냥 툭 털어버립니다.

8. 하고 싶은 의욕이 살아났습니다.

'돈은 벌 수 있을까?' '돈을 어떻게 벌까?'라는 생각에서 이것도 해보고 저것도 해보자 행동을 하기 시작했습니다.

9. 기공유를 할 수 있게 되었습니다.

둘째 언니가 체했을 때도, 식은땀을 흘리며 기력이 다 빠졌을 때도

20분 만의 기공유로 언니의 컨디션이 바로 회복되기도 했습니다.

삶에서 지금이 가장 평화롭고 행복합니다. 지금의 큰 선물을 주시기 위해 하늘님께서 저를 시험하셨던 것일까요? 이미 모든 것이 선물임을 알고 있기에 다시 과거로 돌아가라 하더라도 "고통 감사히 받아들이겠습니다."라고 말할 것 같습니다. 오늘의 일상을 가능하게 해주신 하늘동그라미 두 분 선생님과 지원의 모든 분들께 감사의 인사를 전하고 싶습니다.

사례 5. 죽음과 같은 삶에 기적이 일어나다

심플(신*순, 완도노화) : 2021년 8월 2일 106호로 기통

어린 시절부터 몸이 약했던 저는 이웃집 할아버지가 수시로 오셔서 침을 놓아주셨습니다. 피부발진, 소화불량, 이갈이도 심하여 여러 가지 민간요법으로 근근이 살았습니다. 청소년기에는 어려운 집안 사정으로 서울로 올라가 낮에는 공장에 다니거나 학교 사환을 하며 많은 이의 도움을 받으며 늘 힘겹게 살아왔습니다. 그 시절 만났던 소중한 인연들 무척 고맙습니다.

야학에서 만난 친구가 요양차 가 있던 시골에서 지금의 남편을 만나 결혼했습니다. 세 아이를 낳았지만 기르기가 만만치 않았습니다. 처음 접하는 바다 생활은 어렵고 고되어 매일 눈물로 살았습니다. 그래도 그곳이 아니면 죽음뿐이라는 생각에 악착같이 살다 보니 몸과 마음이 상처투성이라 툭하면 쓰러지고 맥없이 누워서 지내기도 했습니다. 20여 년 결혼 생활, 저는 힘없이 걸어 다니는 시체 같았습니다. 잠들어 있어도 죽은 사람 같다는 소리 들었지만 그런데도 끝없는 욕심에 내려놓지 못하고 일 속에서 살았습니다.

혈압 최저 40~60 사이, 어디서 쓰러져도 이상하지 않은 상태였습

니다. 신경을 많이 쓰면 수시로 쓰러졌지만, 의식은 금방 돌아와 편히 누워있지도 못했습니다. 머리카락이 많이 빠지고, 피부는 거칠고, 머릿속은 뾰루지에, 귓속은 수시로 곪는 염증으로 힘들었습니다. 눈 흰자위 물집, 코로 숨쉬기 힘들 정도의 심한 비염, 치아는 흔들거리고, 입 안도 자주 헐고, 냄새도 심하고…. 입으로만 숨을 쉬고, 손가락은 틀어지고, 손톱은 거친 줄이 생기고, 팔꿈치 팔목 무릎 관절 통증, 어깨통증, 허리 통증, 머리감기 힘들 정도로 온몸이 차서 손발이 시려웠습니다. 여름에도 감기를 달고 살았고, 선풍기나 에어컨도 못 틀고, 여름에도 모자와 긴팔 가디건 긴바지를 착용할 정도였습니다.

참 불편했지요. 주변에서 이상한 사람이라고들 했습니다. 거기다가 간담도 약해서 예민하고 소화가 안 되며, 심장과 소장도 안 좋아 부정맥이 있었고, 비장, 위장에서는 받는 음식이 별로 없어서, 엄청 선별적으로 식사했지만, 그렇게 가려서 한 식사도 배설이 안 돼서 심한 변비를 달고 살았습니다. 폐와 대장도 힘들고, 신장과 생식기도 염증에 시달리고, 의사들은 자궁 적출 수술해라, 항문 혈관 올리는 수술 당장 하라고들 했습니다. 하지만 자궁 물혹이 커져 수술해야 한다기에 했다가 호흡곤란으로 산소 호흡기를 다는 경험을 하고서는 무서워서 병원에 웬만하면 가지 않게 되었습니다.

유명하다는 대학병원, 큰 한방병원 등을 전전해 봐도 돌아오는 대답은 원인을 알 수 없다. 수업료도 많이 내고 다녔지만, 기운은 점점 더 없어지고 혈압은 완전 저혈압. 그런데도 끝없이 나를 혹사하며 어떻게든 살아가야지 했었습니다. 그나마 뜸을 뜨면 몸이 좀 나아져서, 한의원에 다니면서 몸의 원리를 알게 되어 제 몸은 제가 알아서 돌보는 계기가 되었습니다.

어찌어찌 겨우 살아가는 세상살이가 오십이 넘어가니 몸과 마음은 상처로 가득 차게 되고, 나는 누구인가? 남아있는 생은 어떻게 살 것인가? 묻고 또 물었습니다. 3년 전부터 고민하고 고민했지만, 답을 못 찾고 헤매고 있었습니다. 사주팔자 보는 곳을 찾아 가고, 절을 찾아 공을 들였지만 뭘 해도 명확한 게 보이지 않고 답답할 때 도반에게 하늘동그라미를 소개받았습니다. 마음이 동하여 봄소풍 가듯 산청을 찾아갔습니다.

다음 날부터 절을 시작 하고 발원문 올리고 좌표를 정하고 2021년 8월 2일, 기적처럼 기통되었습니다. 그동안 기통 선배들이 겪은 일들을 보고 듣고, 몸이 기억하는 수많은 통증과 마음 상처는 선생님들께서 치유해 주시고, 몸 통증은 기공유 도움을 받으며 의심하지 않고 마음을 다해 따르다 보니 감사의 시간이 저에게 계속해서 다가왔습니다. 몸은 20년 전보다 더 젊어지고 힘이 생겼으며 마음은 편안해졌습니다.

날마다 감사함과 행복을 느낍니다. 이제는 음식 가리지 않고 잘 먹습니다. 소화도 잘됩니다. 아픈 곳이 없습니다. 몸에 자신이 생겼습니다. 체온도 올라서 겨울이면 항상 붙이고 다니던 핫팩을 잊고 바닷일을 합니다. 언제부터인지 정확하지 않지만, 저 높은 곳 어디에 하늘님께서 계시다는걸 느낌으로 알게 됩니다. '사람이 하늘이다'라는 글귀가 가슴속에 자리 잡았습니다.

늘 선생님 두 분께 감사합니다. 대열에 합류할 수 있어서 영광입니다. 착실히 따르렵니다.

사례 6. 간절히 살고 싶었습니다!

하늘이 (김*은, 진주) : 2020년 12월 2일 22호로 기통

48세에 요양시설 입원까지도 염두하고 있었던 시점인 2020년 8월의 여름날, 이제는 정말 마지막으로 여기 두 분 선생님만이 너를 살릴 수 있다는 지인의 말씀을 듣고 손에 이끌려 하늘동그라미에 오게 되었습니다. 예약 일주일 후 안봉리로 가는 산길 구비구비 차 안에는 정적이 흐르고 48년 죽지 못해 버텨온 세월의 필름은 하염없이 뜨거운 눈물이 흘렀습니다. 몸도 마음도 영혼이 나간 듯 만신창이가 되어 정말 돌고 돌아 마지막으로 하늘님께서 두 분 선생님을 만나게 해줘서 생명의 동아줄을 잡게 되었습니다. 온통 검은 세상인듯한 막이 걷히고, 막혔던 귀가 열리듯 그때부터 조금씩 살아나기 시작해 올해 4년 차에 접어들었습니다.

어릴 적 죽을 뻔하다 살고, 계속되는 잔병치레. 화목하지 못했던 가정환경 속에서 빨리 어른이 되기만을 이를 악다물며 기다렸는데 막상 성인이 되고 보니 더 큰 근심과 걱정, 사건 사고들이 본격적으로 터지기 시작합니다. 그래도 행복한 미래의 모습을 꿈꾸면서 고비들이 와도 잘 참아내곤 했습니다. 그러나 두 번의 가정 실패가 남긴 충격으로

번 아웃이 왔습니다. 직장 명퇴 후 희망이었던 퇴직금은 다단계로 빚만 더 남긴 채 허무하게 마무리를 하는 등 하늘이 무너져도 솟아날 구멍이 분명 있다고 했는데 계속 땅 밑 지하로 꺼져 들어만 갔습니다.

왜 하필 나에게 나쁜 일만 계속되는지 태어난 것 자제가 저주라고 생각해 낳아주신 부모님을 원망하고 하늘을 원망하며, 전생을 알지도 못하면서 전생을 원망했습니다. 대부분 사람이 자신의 인생 이야기를 밤새 해도 모자라고 책 한 권은 될 거라고 하지요. 저 역시 지난 20년 세월의 일을 어찌 말로 다 할까요? 아니 말로 다 하지 못했기에 차곡차곡 잠복해 있던 적군들이 열 일을 해줍니다. 만성조울증, 만성불면증, 알콜중독 등 몸에 기도 거의 다 빠진 반쯤 정신줄을 놓고 살았습니다. 진짜 미친 듯이 머리 풀어 헤치고 예쁜 꽃도 꽂고 산으로 들고 날뛰고 널뛰고 다니기도 하였습니다. 무엇이 그리 억울했던지 고래고래 소리 지르고, 이를 갈며 원망하고 불쌍한 척 나 좀 쳐다봐 달라며 눈물이 마를 날이 없었습니다.

이제는 말합니다. 그때는 모두 최선이었습니다. 저로 인해 상처받은 가족들과 만생만물에게 참회합니다. 용서하세요. 그래도 죽으라는 법이 없는지 삶을 포기하려고 할 때 어찌 급한 고비를 넘기면서 롤러코스터 타는 느낌으로 삶은 이어지고, 지금까지 왔습니다. 마지막 제게 남은 두 딸의 소중함도 잊은 채 귀신에 홀린 듯이 그렇게 질펀질펀

한 저질의 쾌락을 못 알아차리고 즐길 때. 초등 고학년으로 올라가자 문제가 하나둘 화산 폭발하듯 터지기 시작했습니다. 엄마의 모습이 스폰지 흡수하듯 빠르게 전염되어 학업 성적은 물론 엄마한테 버려질까 봐 불안, 공포로 상처받고 방치한 혹독한 대가를 길게 제가 치러야 했습니다. 이제는 고3 고1 여고생으로 자기 역할을 충실히 하고 있습니다.

내가 설계해서 온 현생의 삶을 인정하지 못하고 원망하고 탓하고. 있는 척하며 회피한 긴 시간, 때론 우아한 백조의 탈을 쓴 몸부림과 도둑고양이같이 누가 알까 봐 숨기기에 급급했던 비겁함과 내 안에, 내 눈 앞에 다 있는지도 모르고 행복 찾아 사랑 찾아 주인 잃은 짐승처럼 미친 듯이 바깥에서 구하러 다녔습니다. 지금이라도 전생 묵은 때 부지런히 벗겨나가고 있는 스스로가 신기하기도 하고 대견스럽습니다.

나 하나 먼저 행복하고 귀하게 여겨서 나로 인해 밝은 빛을 밝히는 것만으로도 내 주위가 살아난다 하신 선생님의 말씀을 이제는 깨우쳤습니다. 옛말에 사람은 고쳐 쓰는 게 아니라 했지만 하늘동그라미 와서 사람이 되었습니다. 지금도 살아있기에 성장통은 계속 진행형입니다. 모든 것을 인정하고, 빨리 전생의 페이지를 넘길 수 있는 내 안의 힘에 감사하며 초심을 잃지 않고 수련정진하여 길을 잃고 헤매는 이들에게 생명수 같은 안내자로서 제가 받은 사랑을 공동체에 이바지할 수 있는 도인의 삶을 살겠습니다.

(2021년도 빙그레선생님께 받은 심령기도 응답을 가끔씩 흔들릴 때 읽어보곤 합니다)

숨을 쉴 때 나는 너와 함께 한다. 걸어 다닐 때도 생각할 때도 움직일 때 나는 너와 함께 있다.

아주 오래전에도, 지금, 이 순간에도, 나는 너의 숨소리를 듣고 있다. 내 사랑이 전해지지 않더냐?

너의 귀를 열어라. 너의 눈을 들어라. 나를 느껴 보아라. 나는 태초부터 지금까지 너와 함께하는 하늘님이시다!

기통 전후 몸의 변화

- 조울증 심각한 수준, 만성불면증, 뇌 기능 저하 → 장기복용한 정신과 약을 끊고, 일어나는 감정의 기복을 빨리 알아차릴 수 있고 화가 거의 안 남. 잠을 잘 잠. 머리가 맑아짐.
- 갑상선기능저하증, 만성수족냉증, 여성질환 → 갑상선기능정상화 결절(혹)만 정기 관찰 중. 혈액순환 잘 됨. 여성질환 좋아짐. 밤에 화장실 가는 횟수 평균 6회에서 1회로 줄어듦.
- 만성피로, 소화불량, 급격한 노화 → 피곤함이 거의 없음. 소화가

잘되고 입에 단침이 돌고 피부가 좋아지고 골상이 바뀌어 얼굴이 계속 바뀜(10년 전으로 돌아갈 것 같음).

마음의 변화

눈을 뜨면 살아있음에 미소 짓게 되고 하늘 쳐다보며 모든 만생만물에 감사의 인사를 합니다. 일어나는 모든 일은 내게 좋은 쪽으로 해석합니다. 잔잔한 행복에 그저 감사합니다. 모든 면에서 점점 삶의 질이 풍요로워집니다.

감사합니다.
나는 빛이고 사랑이고 하늘입니다.
선생님들께 받은 한량없는 이 은혜를 어떻게 다 말로 표현할 수 있을는지요?

내 안의 내가 깨어나게 하라
전생치유 그리고 기통

초판 1쇄 발행 2024년 9월 20일
초판 2쇄 발행 2024년 10월 14일

지은이 | 무영 · 무인
펴낸이 | 박유상
펴낸곳 | 삼마

편   집 | 배혜진 · 정민주
디자인 | 박주란

등   록 | 제2021-000186호
주   소 | 경기도 고양시 덕양구 중앙로 439 서정프라자 401호
전   화 | 031-8073-9773
팩   스 | 031-8073-9774

ISBN 979-11-90105-80-4 (03290)

삼마는 빈빈책방(주)의 브랜드입니다.
삼마sammā는 팔리어로 '바른'이라는 뜻입니다.

*이 책은 저작권법에 따라 보호를 받는 저작물이므로 무단 전재와 복제를 금합니다.
*책값은 뒤표지에 있습니다. 잘못 만들어진 책은 구입하신 곳에서 교환해드립니다.